COLLECTION
Rolf Heyne

gerollt & gewickelt

gerollt & gewickelt

VICKI LILEY

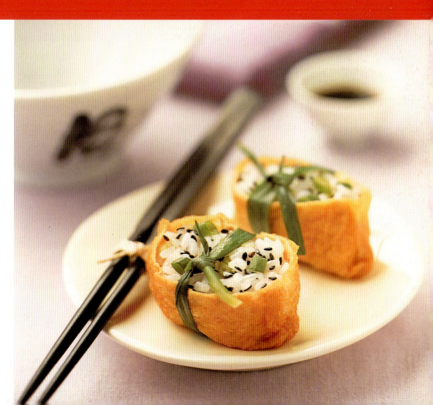

COLLECTION ROLF HEYNE
MÜNCHEN

Inhalt

Alles über Rollen und Teigtaschen 6

Teighüllen und Blätter 8

Klassische Asiatische Zutaten 15

Asiatische Saucen und Würzmittel 20

Kochutensilien 22

Step-by-Step-Anleitungen – Rollen und Wickeln 24
Garnelenröllchen mit Koriander • Frühlingsrollen mit Thunfisch • Fisch im Bananenblatt
Austernhäppchen • Schweinefleisch-Röllchen im Reispapier • Schweinefleisch-Garnelen-Röllchen
Asiatische Würstchen im Schlafrock • Tofutaschen mit Reisfüllung

Fisch und Meeresfrüchte 32
Garnelen im knusprigen Teigmantel • Garnelenröllchen mit Koriander
Warme Mango-Garnelen-Taschen • Lachs-Sushi-Rollen • Frühlingsrollen mit Thunfisch
Pikantes Krebsfleisch im Salatblatt • Frische Garnelen-Papaya-Frühlingsrollen
Panierte Garnelenröllchen • Fisch im Bananenblatt • Austernhäppchen

Ente und Huhn 52
Chinesische Frühlingsrollen mit Schinken und Huhn • Sojahuhn mit Nudeln im Reispapier
Gebackene Teigtaschen mit Hühnchen • Tandoori-Hühnerfilet-Taschen • Pekingenten-Häppchen mit
Chilimarmelade • Wan-Tans aus dem Wok • Gebratene Ente mit grünen Bohnen im Fladenbrot

Rind und Schwein 66

Vietnamesisches Baguette • Schweinefleisch-Röllchen im Reispapier
Chipolata-Rollen mit Tomaten-Chilisalsa • Schweinefleisch-Garnelen-Röllchen • Pikantes Hackfleisch
in Blätterteig • Rindersalat-Tortillas auf Thai-Art • Asiatische Würstchen im Schlafrock
Parmaschinken-Melonen-Häppchen mit Chilidressing • Gebratenes Schweinefleisch in der Brottasche
Schweinefleisch im Betelnussblatt • Gedämpfte Wan-Tans mit Chiliöl

Gemüse 88

Vegetarische Frühlingsrollen • Wan-Tans mit Spargel und Wasabi
Tofutaschen mit Reisfüllung • Frische Frühlingsrollen mit Mango und Möhre
Kartoffel-Minze-Samosas • Pfannkuchenröllchen mit Spinat und Pilzen

Eine süße Versuchung 100

Knusperröllchen mit Orangen-Schokolade-Füllung

Saucen 102

Satay-Sauce • Ingwer-Limettensauce • Nuoc Mam (Vietnamesischer Saucendip)
Zitronen-Chilisauce • Chilimarmelade • Limetten-Soja-Dip

Register 108

gerollt & gewickelt

ALLES ÜBER
Rollen und Teigtaschen

Mundgerechte kleine Gerichte und Speisen in Häppchenform sind ein klassisches Merkmal der asiatischen Küche. Und was wären die knusprigen Frühlingsrollen oder die seidigen Wan-Tans ohne ihre Hüllen? In China wurden bereits in der Song-Dynastie im zehnten Jahrhundert gefüllte Teigtaschen oder Röllchen zum Tee serviert. Archäologische Ausgrabungen legen die Vermutung nahe, dass die Sitte, Speisen in Teig zu hüllen, möglicherweise gute 8 000 bis 10 000 Jahre zurückreicht, als die Sammler und Jäger der Frühzeit sesshaft wurden und begannen, Getreide anzubauen.

Um 2 000 v. Chr. wurde auf allen Kontinenten Getreide angebaut, welches wiederum das Rohmaterial für die ungesäuerten Brote im Orient lieferte, für die Tacos Mittelamerikas, die Nudeln in China und Italien (man denke nur an Cannelloni, Calzone & Co.) sowie für die vielen verschiedenen Teigtaschen und -rollen, wie man sie in ganz Südostasien und im Fernen Osten kennt.

Das Material zum Einwickeln oder -rollen beschränkt sich nicht auf einen Teig aus Mehl und Wasser. Die in Griechenland und in der Türkei so beliebten gefüllten Weinblätter sind nur ein weiteres Beispiel für eingehüllte Speisen. Vietnamesische Reisblätter, Bananenblätter, japanische Nori-Blätter aus Seetang, Salatblätter, Betelnussblätter, Filoteig, ja selbst Paprikaschoten bieten unendliche Möglichkeiten zum Füllen.

Hinweise auf die weltweite Beliebtheit von eingewickelten Speisen und die grenzenlose Kreativität bei ihrer Herstellung finden sich überall in der Menschheitsgeschichte.

Das Einwickeln von Speisen zeugt von einer Erfindungsgabe, die oft genug aus der Not geboren wurde. Für viele Menschen auf dieser Welt zählt ein Restaurantbesuch zum puren Luxus und ist unerschwinglich. Für Millionen von ihnen ist es Alltag, gemeinsam eine Mahlzeit in der Runde einzunehmen, mit bloßen Händen zu essen, in lärmigen Gassen, unter Bäumen, um eine Kochstelle geschart oder als Schnellimbiss aus der Garküche. Diese Art zu speisen hat eine lange Tradition. Sie kennzeichnet eine unverfälschte Küche, die – sättigend und regional angepasst – dem Überleben dient und dabei alle gesellschaftlichen Unterschiede überwindet.

Eingehüllte Speisen haben sich ihren Stellenwert in der Kochkunst bis heute bewahrt. In ihrer Vielfalt und Verschiedenartigkeit sind sie bestens für jede Art von Mahlzeit geeignet, vom Appetithappen bis zum Hauptgericht. Darüber hinaus lassen sich aus ihnen für Partys und Feiern wunderbare Hors d'œuvres und Fingerfood zaubern.

Angesichts des reichhaltigen Angebots an Teigtaschen beschränkt sich dieses Buch nicht nur auf Asien, das allein schon mit einer Fülle an kulinarischen Raffinessen aufwartet. Es soll vielmehr das Ziel sein, den Spaß und die Lust am Essen, die mit der traditionellen asiatischen Straßen- oder Garküche verbunden sind, für uns neu zu entdecken, jene Aromen frischer Zutaten und Speisen, die uns automatisch anziehen, wenn wir durch tropische Straßen bummeln, und die brutzelnden, zischenden, dampfenden Verlockungen in den Töpfen, Woks oder Kadais sehen.

Liebhaber asiatischer Gewürze, Gewürzmischungen, kontrastierender Zutaten, Farben, Gerüche und typischer Kochmethoden kommen hier genauso auf ihre Kosten wie Freunde westlicher Fingerfood. Ungesäuertes Brot, kleine Baguettes und Snacks aus backfertigem Blätter- oder Filoteig bieten die wunderbare Möglichkeit, Zeit und Geld sowie ungeliebte Küchenarbeit zu sparen.

Nur Mut! Trauen Sie sich, mit verschiedenen Zutaten und Geschmacksrichtungen zu experimentieren! Nehmen Sie dieses Buch als Ausgangspunkt für Ihre eigenen kulinarischen Erfindungen. Beziehen Sie die ganze Familie in die Herstellung der Speisen mit ein, indem Sie die Zutaten in unterschiedlichen Gefäßen servieren und jeder sein eigenes Gericht zusammenstellen darf. Machen Sie aus den Snacks eine Hauptmahlzeit und bringen Sie eine Vielzahl kulinarischer Versuchungen auf den Tisch. Bereichern Sie Ihre Küche durch köstliche Saucen und Dips. Dann lehnen Sie sich zurück und sonnen sich in der Gewissheit, dass Sie die Erwartungen Ihrer Gäste weit übertroffen haben.

Teighüllen und Blätter

Bananenblätter

Bananenblätter

Teile der großen, glänzenden grünen Blätter der Bananenstaude werden zum Umwickeln von Speisen verwendet, die dann gedämpft, gekocht oder gegrillt werden. Die Blatthülle hält die Füllung feucht und verleiht ihr außerdem einen unverkennbar würzigen und süßlichen Geschmack. Erhältlich in asiatischen Lebensmittelgeschäften, lässt sie sich in einer Plastiktüte bis zu sieben Tage im Kühlschrank aufbewahren.

Betelnussblätter

Die dicken, geschmeidigen essbaren Blätter der Betelnusspalme laufen vorne spitz zu. Sie werden in Asien oft zum Umhüllen von Speisen verwendet. Erhältlich in asiatischen Lebensmittelgeschäften oder über den Spezialversand. Ersatzweise können Kopfsalat- oder große Basilikumblätter verwendet werden.

Betelnussblätter

Salatblätter

Kopfsalat-, Eisbergsalat- und Radicchioblätter sind einfache, schnelle Hüllen für heiße oder kalte pikante Füllungen. Wenn sie zusammen mit frischen Reispapierblättern verwendet werden, verleihen Salatblätter dem Gericht zusätzlich Konsistenz und Aroma.

Salatblätter

Nori-Blätter

Blätter aus getrocknetem Purpurtang, einer Art Seetang. Es gibt sie in verschiedener Größe und Form. Meistens werden sie zum Umwickeln von Fisch oder zum Herstellen von Sushi verwendet. Die zarten Blätter gibt es geröstet und ungeröstet im japanischen Lebensmittelgeschäft oder Asialaden. Ein geöffnetes Paket sollte in Plastik verpackt an einem kühlen, dunklen Ort gelagert werden. Im Angebot ist darüber hinaus eine gewürzte Sorte Nori, die gewöhnlich gezupft zum Garnieren von Reis verwendet wird. Ungerösteter Nori wird bei der Erwärmung knuspriger und ein wenig purpurfarben. Beim Gebrauch von Nori darauf achten, dass die glatte glänzende Seite außen liegt.

Nori-Blätter

Mini-Baguettes
Diese kleinen Brötchen sind bei Grillpartys ideale mundgerechte Verpackungen für gegrilltes Fleisch.

Mini-Baguettes

Tortillas
Runde mexikanische Brotfladen aus ungesäuertem Teig. Gibt es in Paketen in gut sortierten Supermärkten.

Tortillas

Lavash

Ein rechteckiges, ungesäuertes Fladenbrot armenisch/georgischer Herkunft. Wird in Paketen verkauft.

Lavash

Bergbrot

Ein dünnes, ungesäuertes orientalisches Fladenbrot. Wird in Paketen verkauft. Ideal zum Umhüllen von Speisen.

Bergbrot

Naan

Ein flaches, ungesäuertes indisches Brot aus weißem Mehl, wie ein Tropfen oder wie ein Blatt geformt. In Spezialgeschäften erhältlich. Zum Erhitzen den Anweisungen auf der Packung folgen.

Naan

Toastbrot

Man kann auch Weizen- oder Mehrkornbrotscheiben zum Umhüllen von Speisen verwenden. Die Rinde vorher entfernen.

Toastbrot

Filoteig

Filoteig
Ein papierdünner Teig aus Mehl und Wasser. Tiefgekühlt oder in Folie in griechischen und türkischen Geschäften oder im Supermarkt erhältlich. Im Kühlschrank auftauen lassen. Filoteig bei der Verarbeitung immer mit einem feuchten Küchentuch bedecken, da er sehr schnell austrocknet.

Blätterteig
Backfertig in aufgerollten Blättern tiefgekühlt in jedem Supermarkt erhältlich.

Reisteigblätter
Zerbrechliche, hauchdünne Teighüllen aus Reismehl, Wasser und Salz. In ihrem Herkunftsland Vietnam wurde traditionell Teig auf geflochtene Matten gegossen und dann in der Sonne getrocknet. Gefüllt mit frischen oder gegarten Zutaten können die Reisteigblätter roh gegessen oder ausgebacken werden. Sie werden frisch oder getrocknet in asiatischen Geschäften angeboten.

Blätterteig

Reisteigblätter

Frühlingsrollen-Teigblätter

Ein hauchdünner Pfannkuchen aus Reismehl und Wasser. Die Teigblätter werden tiefgekühlt in Paketen zu 10 oder 25 Stück, quadratisch oder rund, in asiatischen Geschäften oder gut sortierten Supermärkten angeboten. Ungeöffnet im Kühlschrank auftauen lassen. Beim Gebrauch die Teigblätter voneinander trennen und mit einem feuchten Küchentuch bedeckt halten. Restliche Teigblätter halten sich, in Klarsichtfolie gepackt, bis zu einer Woche im Kühlschrank. Sie können aber auch eingefroren werden.

Frühlingsrollen-Teigblätter

Wan-Tan-Blätter

Quadratische oder runde dünne Blätter aus Getreide- oder Eierteig zum Herstellen von Teigtaschen, Dim-Sum-Gerichten oder Wan-Tans. Die gelben Wan-Tan-Blätter werden gefüllt gewöhnlich zum Kochen oder Ausbacken verwendet, während die weißen Blätter aus Getreideteig zu gedämpften Teigtaschen oder Dim-Sum-Gerichten verarbeitet werden. Wan-Tan-Blätter werden frisch oder tiefgefroren in asiatschen Lebensmittelgeschäften angeboten. Frische Blätter halten sich im Kühlschrank bis zu einer Woche und können auch eingefroren werden.

Wan-Tan-Blätter

KLASSISCHE Asiatische Zutaten

Basilikum: Gewürzkraut mit süßlich-pfeffrigem, leicht an Lakritze erinnerndem Aroma. Die Blätter werden ganz oder gehackt verwendet.

Thai-Basilikum: Auch als heiliges Basilikum bekannt. Hat einen kräftigen, unverkennbaren Geschmack.

Frischer Koriander: Erinnert im Aussehen an Petersilie, und wird daher auch chinesische Petersilie genannt. Die Blätter, Stengel und Wurzeln können verwendet werden. Die Blätter nicht zu fein hacken, da sie rasch nachdunkeln und Aroma verlieren.

Vietnamesische Minze: Eine feurige Variante der Minze, schmeckt köstlich in Salaten. Durch klassische Minze ersetzen, falls sie nicht erhältlich ist.

Pak-Choy: Auch als blühender Kohl oder Choy-Sam bekannt. Beliebtes und weit verbreitetes chinesisches Blattgemüse mit gelben Blüten und dünnen Stilen. Passt zu allen Rezepten, in denen chinesisches Blattgemüse verwendet wird. Die gesamte Pflanze eignet sich zum Verzehr und hat ein mildes Aroma.

Chinesischer Salat: Eine gewellte Salatvariante. In asiatischen Lebensmittelgeschäften erhältlich. Ersatzweise Kopf- oder Römersalat verwenden.

Frische Bohnensprossen: Die Sprossen der grünen Mungobohne. Halten sich 2–3 Tage im Kühlschrank.

Shimeji-Pilze: Auch als Austernpilze oder Kalbfleischpilze bekannt. Strohfarbene, kultivierte Baumpilze mit kleinen bis handtellergroßen Hüten, die in kurzen Büscheln wachsen. Der druckempfindliche Pilz soll nur vorsichtig geputzt werden, die Stiele kann man mit verwenden.

Über den Umgang mit Chilis: Scharfe Chilis müssen mit großer Vorsicht behandelt werden. Sie enthalten ätherische Öle, die die Haut unangenehm reizen und in den Augen brennen können. Beim Schneiden von frischen Schoten empfiehlt es sich unbedingt, Gummihandschuhe anzuziehen. Mit einem scharfen Messer die Schote der Länge nach aufschneiden. Die Kerne mit den Fingern herausstreifen (oder, falls Schärfe gewünscht ist, drin lassen). Die weiße Membrane herausschneiden. Die Kerne enthalten bereits genug Schärfe, aber gefährlich sind die weißen Membranen, sie enthalten das meiste Capsaicin. Nach dem Gebrauch die Hände gründlich mit Seife und warmem Wasser waschen.

Rote Vogelaugen-Chilis: Eine kleine, ungeheuer scharfe Chilischote mit feurigen Aroma. Nur sparsam verwenden!

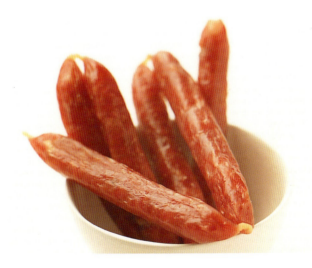

Thai-Chilis: Diese mittelscharfen roten oder grünen Chilis werden vier Zentimeter lang. Es gibt sie in den meisten Lebensmittelgeschäften. Man nennt sie auch Thai Drachen-Chilis. Ersatzweise kann der mildere grüne oder rote Anaheim-Chili verwendet werden, der ähnlich geformt ist und bis zu 15 Zentimeter lang wird.

Chinesische Schweinswürstchen: Geräucherte, stark gewürzte Schweinswürstchen mit leicht süßem Aroma. Die luftgetrockneten kantonesischen Würstchen *(lop chong)* sind an der roten Farbe zu erkennen. Sie werden eingeschweißt in asiatischen Lebensmittelgeschäften im Kühlfach angeboten. Die Würstchen müssen vor dem Verzehr 15 Minuten gedämpft oder gebraten werden.

Glasnudeln: Dünne, durchsichtige Nudeln aus gemahlenen grünen Sojabohnen oder Reis. Glasnudeln werden oft in Füllungen als knusprige Zutat oder als knackiges Nest für Rührgebratenes verwendet. Vorher in heißem Wasser eingeweicht, finden sie in Suppen, Rührgerichten oder in Füllungen Verwendung. Ersatzweise Reisvermicelli oder Engelhaar-Pasta nehmen.

Gebratene Nudeln: Knusprig gebratene Nudeln, werden in Paketen verkauft. Zum Garnieren verwenden oder zu Rührgerichten servieren. In asiatischen Lebensmittelgeschäften erhältlich. Ersatzweise frische Eiernudeln in heißem Öl ausbacken.

Frittierte Schalotten: Sie werden oft zum Garnieren von asiatischen Gerichten verwendet. Dünne Scheiben von kleinen roten Schalotten werden einmal durchgeschnitten und in heißem Öl knusprig goldbraun ausgebacken. Man kann sie getrocknet in asiatischen Lebensmittelgeschäften kaufen. Luftdicht verpackt im Tiefkühlschrank aufbewahren, damit sie nicht ranzig werden.

Frittierte Tofuscheiben: Eine japanische Zutat, oft als Taschen für Füllungen verwendet. In asiatischen oder japanischen Lebensmittelgeschäften unter dem Namen *abura-age* erhältlich.

Chinesisches Schweinefleisch vom Grill (Cha sui): Ein fettes, knochenloses Stück Schweinefleisch, das mariniert und gegrillt wird. In Scheiben geschnitten oder am Stück in chinesischen Lebensmittelgeschäften – meist tiefgefroren – erhältlich. Das Fleisch erfordert keine weiteren Vorbereitungen und kann bis zu zwei Tage im Kühlschrank aufbewahrt werden.

Chinesische gebratene Ente: Gebratene Ente mit köstlich knuspriger Haut – bei uns sehr selten frisch erhältlich. Wird manchmal tiefgefroren angeboten. Falls gebratene Ente nicht erhältlich ist, kann sie durch gebratenes Huhn ersetzt werden.

Chinesisches gebratenes Schweinefleisch: Gebratener Schweinebauch mit knuspriger Hautkruste – bei uns nur selten in chinesischen Feinkostgeschäften zu finden. Wird manchmal tiefgefroren angeboten. Alternativ durch chinesisches Schweinefleisch vom Grill ersetzen.

Chinesisches Sojahuhn: Ein golden glänzendes Huhn, mit Soja glaciert, das hier in chinesischen Lebensmittelgeschäften auch eher selten verkauft wird. Manchmal gibt es getrocknete oder tiefgefrorene Sojahühner zu kaufen. Kann durch gebratenes Huhn ersetzt werden.

ASIATISCHE SAUCEN UND Würzmittel

Chiliöl
Ein extrem scharfes Öl, das nur sparsam verwendet werden sollte. Für die Herstellung werden Chilis in Sesam- oder Pflanzenöl gebraten.

Fischsauce
Unter den Namen *nam pla* in Thailand und *nuoc mam* in Vietnam bekannt. Sehr intensiver Fischgeruch und salziges Aroma. Wird in Saucen, Dressings und Dips verwendet. Es gibt keinen Ersatz. Nach dem Öffnen im Kühlschrank aufbewahren.

Hoisinsauce
Auch als chinesische Barbecue-Sauce bekannt. Süße, dickflüssige chinesische Würzsauce aus Sojabohnen, Zucker, Essig, Salz, Knoblauch und Chilis. Nach dem Öffnen im Kühlschrank aufbewahren.

Ketjap Manis
Gesüßte indonesische Sojasauce, die viel dickflüssiger und dunkler als die reguläre Sojasauce ist. Wird als Dip verwendet oder zum Marinieren.

Mirin
Goldfarbener, süßer japanischer Reiswein, aus Sake in unterschiedlichen Stärkegraden hergestellt. Wird in Salaten, Marinaden und bei Rührgerichten verwendet.

Sambal Oelek
Scharfe indonesische Paste aus pürierten Chilischoten, Salz und gelegentlich Essig. Kann als Ersatz für frische Chilischoten verwendet werden. Nach dem Öffnen im Kühlschrank aufbewahren.

Shaoxing-Wein
Auch als Reiswein bekannt. Wird aus Klebreis gewonnen. Ersatzweise trockenen Sherry verwenden.

Sojasauce
Gibt es als helle und als dunkle Variante. Die dunkle Sojasauce ist dickflüssiger und wird gewöhnlich zum Kochen, die helle Sauce als Dip verwendet.

Süße Thai-Chilisauce
Milde Chilisauce mit süßem Nachgeschmack, die zum Würzen und als Dip verwendet wird. Kann auch zu Hamburgern oder gegrilltem Fleisch serviert werden. Im Kühlschrank aufbewahren.

Tamarindenpaste
Wird in Gläsern oder Tuben in asiatischen Lebensmittelgeschäften angeboten. Wird aus der säuerlich schmeckenden Frucht des Tamarindenbaums gewonnen. Falls Tamarindenpaste nicht erhältlich ist, kann sie notfalls durch frisch gepressten Limettensaft ersetzt werden. Nach dem Öffnen im Kühlschrank aufbewahren.

ASIATISCHE SAUCEN UND WÜRZMITTEL 21

Kochutensilien

Der Wok ist eine der schönsten Erfindungen für die Küche, weil man in ihm dämpfen, braten und frittieren kann. Die beliebten und preisgünstigen Woks aus Stahl oder Gusseisen, die in asiatischen Geschäften angeboten werden, sind manchmal mit einer feinen Lackschicht überzogen, damit sie nicht rosten. Dieser Film muss vor dem Gebrauch entfernt werden.

Wie man die Lackschicht entfernt: Den Wok auf die Herdplatte stellen. Mit kaltem Wasser füllen, zwei Esslöffel Backpulver oder Natron dazugeben und die Mischung 15 Minuten sprudelnd kochen. Abgießen und anschließend den Lack mit einem Schwamm entfernen. Bei Bedarf das Verfahren wiederholen. Den Wok abspülen und abtrocknen.

Woks aus Stahl und Gusseisen müssen vor dem Gebrauch eingefettet werden. Die glatte Oberfläche verhindert, dass die Zutaten beim Garen anhaften und sich der Wok verfärbt.

Den Wok gebrauchsfertig machen: Den Wok bei geringer Hitze auf dem Herd erwärmen, Küchenkrepp und Pflanzenöl griffbereit halten. Wenn der Wok heiß ist, träufelt man Öl auf das Küchenkrepp und wischt ihn damit aus. Das Verfahren wiederholen, bis das Krepp beim Reiben sauber und farblos bleibt.

Ein eingefetteter Wok wird nach dem Kochen nicht mit Spülmittel gereinigt, da dies den Fettfilm entfernen würde. Er wird nur mit heißem Wasser und einem Schwamm gereinigt. Nach dem Spülen den Wok gut abtrocknen und an einem trockenen, luftigen Ort aufbewahren. Wird der Wok längere Zeit nicht benutzt, kann der Fettfilm leicht ranzig werden. Häufiges Benutzen verhindert dies.

Zum Kochen mit einem Wok benötigt man noch einige andere Kochutensilien, z.B. Dämpfkörbe aus Bambus. Man findet sie in verschiedenen Größen in asiatischen Geschäften (Abb. rechte Seite unten rechts). Sie lassen sich im Wok übereinander stapeln, so dass der Koch die gesamte Mahlzeit auf einmal zubereiten kann und dabei Strom oder Gas spart. Bambusdämpfkörbe werden nach dem Gebrauch lediglich mit heißem Wasser abgespült.

Mit einem chinesischen Schaumlöffel (eventuell mit Bambusgriff) werden Speisen aus dem heißen Frittierfett gehoben (Abb. rechte Seite unten links). Extra lange Stäbchen zum Kochen und Holzzangen sind ebenfalls praktische Utensilien für die Zubereitung asiatischer Gerichte (Abb. rechte Seite oben links).

Eine Sushi-Matte ist sehr nützlich beim Herstellen von Sushi. Mit Backpapier lassen sich Brottaschen und -rollen dekorativ einwickeln und servieren (Abb. rechte Seite oben rechts).

KOCHUTENSILIEN 23

STEP-BY-STEP-ANLEITUNGEN
Rollen und Wickeln

Garnelenröllchen mit Koriander
(Rezept siehe Seite 34)

1) Rinden von den Toastscheiben entfernen.

2) Toastscheiben mit einem Nudelholz ausrollen.

3) Jede Scheibe mit einem guten Esslöffel der Garnelenmasse bestreichen.

4) Aufrollen und mit zwei Zahnstochern feststecken.

Frühlingsrollen mit Thunfisch

(Rezept siehe Seite 40)

1) Thunfisch mit einem scharfen Messer in 2 cm breite und 7,5 cm lange Streifen schneiden.

2) Jedes Stück dünn mit *wasabi*-Paste bestreichen.

3) Jedes Stück in ein Betelnuss- oder Basilikumblatt wickeln (Blätter nach Bedarf zurechtschneiden).

4) Ein Teigblatt auf die Arbeitsfläche legen. Mit Eiweiß bestreichen. Einen Thunfischstreifen etwa 2,5 cm vom hinteren Rand entfernt auf das Teigblatt setzen. Den hinteren Rand darüber klappen. Die Seitenränder einschlagen und aufrollen.

Fisch im Bananenblatt

(Rezept siehe Seite 48)

1) Jeweils ein Stück Fisch in die Mitte eines Bananenblattes geben.

2) Die Oberseite der Fischfilets gleichmäßig mit der Kräutermischung bestreichen.

3) Das Bananenblatt zu einem Päckchen falten und mit einem kurzen Holzspieß befestigen.

4) Die Fischpäckchen in eine Backform legen und 15 Minuten backen.

Austernhäppchen

(Rezept siehe Seite 50)

1) Ein Wan-Tan-Blatt auf eine trockene Arbeitsfläche legen (die übrigen Teigblätter mit einem feuchten Küchentuch bedecken, damit sie nicht austrocknen).

2) Je eine Auster auf das Teigblatt legen. Einen halben Teelöffel der Ingwermischung darauf geben.

3) Den Teigrand mit Wasser bestreichen.

4) Eine Teigecke über die Auster klappen. Die Teigseiten einschlagen und aufrollen. Mit einem feuchten Küchentuch bedecken. Mit den übrigen Zutaten ebenso verfahren.

Schweinefleisch-Röllchen im Reispapier

(Rezept siehe Seite 68)

1) Reisteigblätter mit der Schere in vier Segmente schneiden.

2) Portionsweise mit verquirltem Ei bestreichen und 2–3 Minuten weich werden lassen.

3) Jeweils einen gehäuften Teelöffel der Fleischmischung auf die runde Blattseite geben.

4) Runde Seite über die Füllung falten, die Seiten einschlagen und zigarrenförmig aufrollen.

Schweinefleisch-Garnelen-Röllchen

(Rezept siehe Seite 72)

1) Eine flache Schüssel mit warmem Wasser füllen. Ein sauberes Küchentuch auf die Arbeitsfläche legen. Für jede Frühlingsrolle zwei Reisteigblätter 15 Sekunden im Wasser einweichen. Die Reisteigblätter übereinander auf das Küchentuch legen.

2) Reisteigblätter jeweils zur Hälfte mit einem Salatblatt belegen. Einen Löffel Mayonnaise darauf geben. Ein Achtel der Nudeln und eine Schweinefleischscheibe auf dem Salatblatt anrichten. Mit drei Minzeblättern garnieren.

3) Mit der Salatseite beginnend, das Reisteigblatt zur Hälfte aufrollen. Zwei Garnelenhälften mit der Schnittfläche nach unten auf das Reisteigblatt geben.

4) Weiter zu einem Päckchen aufrollen. Mit einem feuchten Küchentuch bedecken, damit sie nicht austrocknen. Mit den übrigen Zutaten ebenso verfahren.

Asiatische Würstchen im Schlafrock

(Rezept siehe Seite 78)

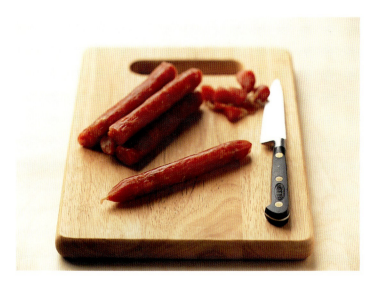

1) Die Enden der Würstchen mit einem scharfen Messer abschneiden.

2) Die Teigblätter portionsweise in vier gleiche Teile schneiden. Die Teigränder mit verquirltem Ei bestreichen.

3) Die Teigstücke mit einer Spitze zum Körper drehen. Jeweils ein Würstchen etwa 2,5 cm vom unteren Rand entfernt diagonal auf den Teig legen.

4) Die untere Spitze über das Würstchen falten, die Seiten einschlagen und zu einem Päckchen aufrollen. Mit verquirltem Ei bestreichen und mit Sesamkörnern bestreuen.

Tofutaschen mit Reisfüllung

(Rezept siehe Seite 92)

1) Tofuscheiben drei Minuten in kochendem Wasser garen. Mit einem Schaumlöffel herausheben und auf Küchenkrepp abtropfen lassen. Jede Tofuscheibe einmal durchschneiden. In jede Hälfte eine Tasche schneiden.

2) Mit feuchten Händen etwa ¼ Tasse voll Reismischung in die Tofutasche füllen. Nicht zu viel nehmen, sonst reißt die Tasche. Die gefüllten Taschen mit der Öffnung nach oben auf ein Schneidebrett oder eine Platte setzen.

3) Mit je einem Streifen Frühlingszwiebel verschnüren. Vor dem Gebrauch 1–2 Stunden in den Kühlschrank stellen.

FISCH UND Meeresfrüchte

Garnelen im knusprigen Teigmantel

FÜR DIE FÜLLUNG:

125 g Schweinehack

2 Knoblauchzehen, fein gehackt

1 TL frischer Ingwer, geschält und gerieben

1 EL frisch gehacktes Koriandergrün

1 Schalotte oder Frühlingszwiebel, fein gehackt

1 TL Sojasauce

12 Riesengarnelen (King Prawns), geschält, Schwanzspitze belassen

12 tiefgekühlte Frühlingsrollen-Teigblätter (21,5 x 21,5 cm), aufgetaut

1 Eiweiß, leicht geschlagen

750 ml Pflanzenöl zum Frittieren

2 Limettenspalten zum Servieren

80 ml süße Thai-Chilisauce als Dip (siehe Seite 20)

Für die Füllung in einer Schüssel Schweinehack, Knoblauch, Ingwer, Koriandergrün, Schalotte bzw. Frühlingszwiebel und Sojasauce vermengen. Die Masse mit leicht angefeuchteten Händen gut durchmischen. Mit einem scharfen Messer die Garnele vom Rücken her zur Hälfte einschneiden. Die schwarze Ader entfernen, Garnele flach drücken. Die eine Hälfte der Garnele mit 1–2 TL der Hackmischung bestreichen und wieder zuklappen.

Die Frühlingsrollen-Teigblätter auf der Arbeitsfläche mit einem feuchten Küchentuch bedecken. Jeweils eines diagonal zusammenfalten. Die Teigoberfläche mit Eiweiß bestreichen. Je eine Garnele ca. 2,5 cm vom Teigrand auf den Teig legen, das Schwanzstück soll über den Rand hängen. Den Teigrand über die Garnele schlagen. Die Teigseiten einschlagen und aufrollen. Hierbei das Schwanzstück offen lassen. Die fertige Rolle mit Klarsichtfolie bedecken. Die übrigen Rollen ebenso herstellen.

Das Öl im Wok, einer tiefen Pfanne oder in der Fritteuse auf 190 °C erhitzen. Die Temperatur ist erreicht, wenn sich um ein Stückchen Brot Blasen bilden und es eine goldene Farbe annimmt. Die Garnelenrollen paarweise ins Fett geben und 3–4 Minuten goldbraun ausbacken. Mit einer Schaumkelle herausheben und auf Küchenkrepp abtropfen lassen. Mit Limettenspalten und süßem Thai-Chili-Dip heiß servieren.

Ergibt 12 Stück

GARNELEN IM KNUSPRIGEN TEIGMANTEL 33

Garnelenröllchen mit Koriander

(Step-by-Step-Anleitung siehe Seite 24)

FÜR DIE FÜLLUNG

250 g Riesengarnelen (King Prawns), geschält, Darm entfernt

2 Schalotten oder Frühlingszwiebeln, fein gehackt

2 Knoblauchzehen, fein gehackt

1 roter Vogelaugen-Chili (oder extra scharfer Chili), entkernt und gehackt

2 EL frisch gehacktes Koriandergrün

12 Scheiben frisches Toastbrot, die Rinde entfernt

750 ml Pflanzenöl zum Frittieren

80 ml süße Thai-Chilisauce als Dip (siehe Seite 20)

Für die Füllung die Garnelen mit der Küchenmaschine zu einer glatten Paste pürieren. Die Masse in eine Schüssel geben. Mit Schalotten bzw. Frühlingszwiebeln, Knoblauch, Chili und Koriander vermengen. Mit angefeuchteten Händen gut durchmischen. Die Brotscheiben mit einem Nudelholz flach rollen. Jede Scheibe mit einem guten Esslöffel der Garnelenmasse bestreichen. Aufrollen und mit 2 kleinen Holzspießen feststecken.

Das Öl in einer tiefen Pfanne oder in der Fritteuse auf 190 °C erhitzen. Die Temperatur ist erreicht, wenn sich um ein Stückchen Brot Blasen bilden und es eine goldene Farbe annimmt. Die Garnelenrollen portionsweise hineingeben und 1–2 Minuten goldbraun ausbacken. Mit einer Schaumkelle herausheben und auf Küchenkrepp abtropfen lassen. Mit Chilisauce als Dip heiß servieren.

Ergibt 12 Stück

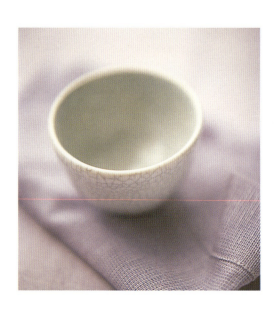

GARNELENRÖLLCHEN MIT KORIANDER 35

Warme Mango-Garnelen-Taschen

2 EL Pflanzenöl

2 Knoblauchzehen, fein gehackt

1 roter Thai-Chili, entkernt und in Röllchen geschnitten

500 g Riesengarnelen (King Prawns), geschält, Darm entfernt, Schwanzspitze belassen

Saft von 1 Limette

¼ Tasse süße Thai-Chilisauce (siehe Seite 20)

4 Stück Bergbrot oder Lavash-Fladen, halbiert

1 reife Mango, geschält, vom Kern gelöst, in Scheiben geschnitten

24 frische Basilikumblätter

12 frische Minzeblätter

Das Öl im Wok oder einer tiefen Pfanne auf mittlerer Stufe erhitzen. Knoblauch und Chili 1 Minute darin anschwitzen, bis sie ihr Aroma entfalten. Garnelen dazugeben und 3–4 Minuten unter Rühren braten, bis sie eine rosa Farbe annehmen. Wok vom Herd nehmen. Limettensaft und Chilisauce einrühren. Etwa 5 Minuten abkühlen lassen.

Das Brot auf die Arbeitsfläche legen. Jedes Stück gleichmäßig mit der Garnelenmischung bestreichen, mit Mango, Basilikum und Minze belegen. Jeweils aufrollen und in ein Stück Backpapier einschlagen. Sofort servieren.

Ergibt 8 Stück

WARME MANGO-GARNELEN-TASCHEN 37

Lachs-Sushi-Rollen

125 g frisches Lachsfilet in Sushi-Qualität (Rückengräte und Haut entfernt)

2 Blätter gerösteter Nori (siehe Seite 9)

gesäuerter Sushi-Reis (siehe unten)

etwa ¼–½ TL Wasabi-Paste (sehr scharfer grüner Meerrettich)

80 ml helle Sojasauce

FÜR DEN SUSHI-REIS

280 g japanischer Rundkornreis, ersatzweise Milchreis

300 ml Wasser

1½ EL Mirin (siehe Seite 20), ersatzweise 1 EL süßer Sherry

FÜR DIE ESSIGSAUCE

1½ EL Reisessig

¼ TL grobkörniges Salz

1 TL extrafeiner Zucker

Lachsfilet in 1 cm dicke Quadrate schneiden. Eine Bambusmatte (Sushi-Matte) oder eine kräftige Serviette auf die Arbeitsfläche legen. Die Nori halbieren. Jeweils eine Hälfte an die Kante der Bambusmatte legen.

Mit angefeuchteten Händen 2–3 Esslöffel Sushi-Reis zu einem länglichen Oval formen und auf das Nori-Blatt geben. Den Reis mit den Händen gleichmäßig auf dem nori verstreichen, wobei ein Rand von etwa 5 cm frei bleiben sollte. Einen Streifen Wasabi-Paste quer über die Mitte des Reises verteilen und darüber ein Stück Lachsfilet legen. Mit Hilfe der Matte oder Serviette den Nori vom Körper weg zu einer festen Rolle aufrollen. Mit 1 oder 2 Umdrehungen in die Matte wickeln, dabei darauf achten, dass der Reis nicht herausgedrückt wird. Die Matte oder Serviette wegnehmen und die Rolle mit der Nahtstelle nach unten leicht hin und herrollen. Auf ein Schneidebrett geben und in 6 dicke Scheiben schneiden. Mit den restlichen Zutaten ebenso verfahren. Mit Sojasauce als Dip servieren.

Ergibt etwa 24 Stück

Wie man Sushi-Reis macht: Den Reis gründlich in fließendem kaltem Wasser waschen und abtropfen lassen. Diesen Vorgang dreimal wiederholen.

Reis mit 1¼ Tassen Wasser in einen Topf geben. Zugedeckt zum Kochen bringen. Etwa 3 Minuten kochen lassen. Temperatur auf mittlere Stufe schalten und weitere 5 Minuten kochen. Auf niedrigste Stufe schalten und 5–10 Minuten köcheln lassen, bis der Reis gar ist. Vom Herd nehmen und den Reiswein (Mirin) unterrühren. Mit einem Küchentuch bedecken, dann den Deckel auflegen und 15 Minuten ziehen lassen. Den heißen Reis in eine flache Schale füllen und gleichmäßig verteilen. Mit einer Gabel die Reiskörner lockern. Nach und nach die Essigsauce unter den Reis heben und behutsam weiter rühren. Der Reis ist gebrauchsfertig, wenn er Zimmertemperatur hat. (Nicht in den Kühlschrank stellen!) Mit einem feuchten Küchentuch abdecken.

Essigsauce: Reisessig, Salz und Zucker in einen kleinen Kochtopf aus Edelstahl oder Emaille geben. Bei mäßiger Hitze verrühren, bis der Zucker aufgelöst ist. Vom Herd nehmen und auf Zimmertemperatur abkühlen lassen.

Frühlingsrollen mit Thunfisch

(Step-by-Step-Anleitung siehe Seite 25)

500 g-Stück Thunfisch in Sashimi-Qualität (rechteckig geschnittenes Thunfischfilet)

1–2 TL Wasabi-Paste (scharfer grüner Meerrettich), nach Belieben

8 frische Betelnussblätter (siehe Seite 8), ersatzweise große Basilikumblätter

8 tiefgefrorene Frühlingsrollen-Teigblätter (21,5 x 21,5 cm), aufgetaut

1 Eiweiß, leicht geschlagen

750 ml Pflanzenöl zum Frittieren

3 EL helle Sojasauce (siehe Seite 20)

Thunfisch mit einem scharfen Messer in 2 cm breite und 7,5 cm lange Streifen schneiden. Jedes Stück leicht mit Wasabi-Paste bestreichen.

Jedes Stück in ein Betelnuss- bzw. Basilikumblatt wickeln (Blätter gegebenenfalls zurechtschneiden). Die Frühlingsrollen-Teigblätter auf der Arbeitsfläche mit einem feuchten Küchentuch bedecken. Jeweils ein Teigblatt mit einer Spitze nach vorn vor sich legen. Mit Eiweiß bestreichen. Einen Thunfischwickel etwa 2,5 cm vom vorderen Rand entfernt auf das Teigblatt setzen. Den vorderen Rand darüber klappen. Die Seitenränder einschlagen und aufrollen. Die fertige Rolle mit Klarsichtfolie bedecken. Mit den restlichen Teigblättern ebenso verfahren.

Das Öl in einem Wok, einer tiefen Pfanne oder in der Fritteuse auf 190 °C erhitzen. Die Temperatur ist erreicht, wenn sich um ein Stückchen Brot Blasen bilden und es eine goldene Farbe annimmt. Die Thunfischrollen portionsweise hineingeben und 1–2 Minuten goldbraun ausbacken. Mit einer Schaumkelle herausheben und auf Küchenkrepp abtropfen lassen. Ganz oder in Scheiben geschnitten mit Sojasauce heiß servieren.

Tipp

Idealerweise sollte der Thunfisch innen noch leicht rosa sein.

FRÜHLINGSROLLEN MIT THUNFISCH 41

Pikantes Krebsfleisch im Salatblatt

2 EL Pflanzenöl

2 Knoblauchzehen, fein gehackt

2 TL frischer Ingwer, geschält und gerieben

1 roter Vogelaugen-Chili (oder extra scharfer Chili), entkernt und gehackt

4 Schalotten oder Frühlingszwiebeln, in Scheiben geschnitten

500 g frisches Krebsfleisch oder Krebsfleisch aus der Dose. Das Krebsfleisch zerpflücken und eventuelle Schalen- und Knorpelstückchen entfernen.

1 frisches Kaffirlimettenblatt oder 2 getrocknete Blätter (ersatzweise Schale von 1/4 unbehandelter Zitrone)

2 EL frisch gehacktes Koriandergrün

1 EL frisch gehackte Minze

abgeriebene Schale und Saft von 1 unbehandelten Limette

1 TL Fischsauce (siehe Seite 20)

4 Eisbergsalat-Blätter

Das Öl im Wok oder einer mittelgroßen Pfanne auf mittlerer Stufe erhitzen. Knoblauch, Ingwer und Chili etwa 1 Minute darin anschwitzen, bis sich ihr Aroma entfaltet. Schalotten bzw. Frühlingszwiebeln, Krebsfleisch und das Kaffirlimettenblatt dazugeben. Etwa 3 Minuten unter Rühren braten.

Vom Herd nehmen. Koriandergrün, Minze, Limettenschale und -saft und Fischsauce unterrühren. Fünf Minuten stehen lassen. Jeweils eine Salatschale mit einem Salatblatt auslegen, die warme Füllung daraufgeben und sofort servieren.

Ergibt 4 Portionen

PIKANTES KREBSFLEISCH IM SALATBLATT 43

Frische Garnelen-Papaya-Frühlingsrollen

1 kleine Papaya, geschält und entkernt
16 runde Reisteigblätter (21,5 cm Durchmesser)
32 Riesengarnelen (King Prawns), gekocht, geschält, Darm entfernt
½ Tasse süße Thai-Chilisauce (siehe Seite 20)
32 frische Korianderblättchen
32 frische Minzeblätter
½ Tasse süße Thai-Chilisauce als Dip

Papaya in 16 Spalten schneiden. Ein sauberes Geschirrtuch auf der Arbeitsfläche ausbreiten. Die Reisteigblätter nacheinander einzeln 15 Sekunden in einer flachen Schüssel mit warmem Wasser einweichen, dann auf das Geschirrtuch legen. Jeweils eine Spalte Papaya, 2 Garnelen, 2 TL Chilisauce, 2 Korianderblättchen und 2 Minzeblätter auf eine Reisteigblatthälfte geben. In Zigarrenform aufrollen. Fertige Rollen auf eine Platte legen und mit einem feuchten Küchentuch bedecken, damit sie nicht austrocknen. Mit den übrigen Zutaten ebenso verfahren. Mit Thai-Chilisauce als Dip servieren.

Ergibt 16 Stück

FRISCHE GARNELEN-PAPAYA-FRÜHLINGSROLLEN 45

Panierte Garnelenröllchen

8 feste weiße Fischfilets, ohne Gräten und Haut (à 150 g)

16 Riesengarnelen (King Prawns), geschält und ohne Darm (Schwanzstücke belassen)

1 EL Pflanzenöl

1 EL frischer Limettensaft

2 Knoblauchzehen, fein gehackt

1 Ei, mit 3 EL Milch verquirlt

1/2 Tasse Semmelbrösel

750 ml Pflanzenöl zum Frittieren

1/2 Tasse süße Thai-Chilisauce (siehe Seite 20)

Die Fischfilets jeweils horizontal halbieren. Jede Garnele mit einem Fischstreifen umwickeln und mit einem kleinen Holzspieß befestigen. Öl, Limettensaft und Knoblauch in einer kleinen Schüssel verrühren. Die Garnelenwickel mit der Ölmischung bestreichen, mit Klarsichtfolie abdecken und 30 Minuten in den Kühlschrank stellen.

Die Garnelenwickel durch das verquirlte Ei ziehen, dann in den Semmelbröseln wenden. Das Frittieröl in einer tiefen Pfanne, einem Wok oder in der Fritteuse auf 190 °C erhitzen. Die Temperatur ist erreicht, wenn sich um ein Stückchen Brot Blasen bilden und es eine goldene Farbe annimmt. Die Garnelenwickel Stück für Stück 2–3 Minuten goldbraun ausbacken. Mit einem Schaumlöffel herausheben und auf Küchenkrepp abtropfen lassen. Mit Chilisauce als Dip sofort heiß servieren.

Ergibt 16 Stück

PANIERTE GARNELENRÖLLCHEN 47

Fisch im Bananenblatt

(Step-by-Step-Anleitung siehe Seite 26)

1/3 Tasse frisch gehacktes Koriandergrün

2 EL fein gehackte vietnamesische Minze

3 Knoblauchzehen, fein gehackt

1 roter Thai-Chili, entkernt und fein gehackt

1 EL abgeriebene Schale einer unbehandelten Limette

3 TL frischer Ingwer, geschält und gerieben

2 EL frischer Limettensaft

4 frische Bananenblätter (siehe Seite 8) oder Backpapier (20 x 20 cm)

4 Lachs- oder Lachsforellenfilets, Haut und Rückengräte entfernt

Gedämpfter weißer Reis als Beilage (nach Belieben)

Den Backofen auf 200 °C (Gas Stufe 6) vorheizen. In einer mittelgroßen Schüssel Koriandergrün, Minze, Knoblauch, Ingwer, Chili, Limettenschale und Limettensaft gut verrühren.

Bananenblätter auf der Arbeitsfläche ausbreiten. Jeweils ein Stück Fisch in die Mitte eines Blattes geben. Die Oberseite der Fischfilets gleichmäßig mit der Kräutermischung bestreichen. Das Bananenblatt zu einem Päckchen falten und mit einem kurzen Holzspieß befestigen. Die Fischpäckchen in eine Backform legen.

Etwa 15 Minuten backen. Aus dem Backofen nehmen und auf Portionstellern anrichten. Die Päckchen erst bei Tisch auswickeln. Mit gedämpftem Reis servieren.

Ergibt 4 Portionen

Austernhäppchen

(Step-by-Step-Anleitung siehe Seite 27)

2 EL frischer Ingwer, geschält und gerieben
1 EL frisch gehacktes Koriandergrün
1 EL fein gehackte Schalotte oder Frühlingszwiebel
1 TL abgeriebene Schale einer unbehandelten Limette
1 TL frisch gepresster Limettensaft
1 TL asiatisches Sesamöl
24 quadratische Wan-Tan Blätter (siehe Seite 14)
24 frische Austern
750 ml Pflanzenöl zum Frittieren
Limetten-Sojasauce als Dip (siehe Seite 106)

In einer kleinen Schüssel Ingwer, Koriandergrün, Schalotte oder Frühlingszwiebel, Limettenschale und -saft und Sesamöl vermengen. Mit angefeuchteten Händen gut durchmischen.

Ein Wan-Tan-Blatt mit einer Spitze zum Körper auf eine Arbeitsfläche legen (die übrigen Teigblätter mit einem feuchten Küchentuch bedecken, damit sie nicht austrocknen). Eine Auster diagonal auf die untere Ecke des Teigblatts legen. ½ TL der Ingwermischung darauf geben. Den Teigrand mit Wasser bestreichen. Die untere Teigecke über die Auster klappen. Die Teigseiten einschlagen und aufrollen. Mit einem feuchten Küchentuch bedecken und beiseite stellen. Mit den übrigen Zutaten ebenso verfahren.

Das Öl in einem Wok, einer tiefen Pfanne oder in der Fritteuse auf 190 °C erhitzen. Die Temperatur ist erreicht, wenn sich Blasen um ein Stückchen Brot bilden und es eine goldene Farbe annimmt. Die Austernrollen Stück für Stück hineingeben und etwa 2 Minuten goldbraun ausbacken. Mit einem Schaumlöffel herausheben und auf Küchenkrepp abtropfen lassen. Sofort heiß mit Limetten-Sojasauce als Dip servieren.

Ergibt 24 Stück

AUSTERNHÄPPCHEN

Ente und Huhn

Chinesische Frühlingsrollen mit Schinken und Huhn

½ TL Salz

¼ TL gemahlener weißer Pfeffer

¼ TL Fünf-Gewürze-Mischung

1 Knoblauchzehe, fein gehackt

4 Hühnerbrustfilets, ohne Haut und Knochen

4 dünne Scheiben Schinken

4 tiefgefrorene Frühlingsrollen-Teigblätter (21,5 x 21,5 cm), aufgetaut

¼ Tasse Mehl

1 Ei, mit 2 EL Milch verquirlt

750 ml Pflanzenöl zum Frittieren

½ Tasse süße Thai-Chilisauce (siehe Seite 20)

In einer kleinen Schüssel Salz, Pfeffer, Fünf-Gewürze-Mischung und Knoblauch gut vermengen.

Ein Hühnerbrustfilet, in Klarsichtfolie eingeschlagen, mit der flachen Klinge eines Hackmessers breit klopfen. Mit der Knoblauchmischung bestreichen. Eine Scheibe Schinken aufrollen und auf ein Ende des Hühnerbrustfilets legen. Die Filetseiten einschlagen, dann mit dem Schinken zu einer Zigarre aufrollen. Mit den übrigen Zutaten ebenso verfahren.

Die Frühlingsrollen-Teigblätter auf der Arbeitsfläche mit einem feuchten Küchentuch bedecken. Jeweils ein Teigblatt mit einer Spitze zum Körper legen. Eine Hühnerrolle in Mehl wenden, dann durch das verquirlte Ei ziehen. Etwa 2,5 cm vom unteren Rand entfernt diagonal auf das Teigblatt setzen. Die Teigseiten einschlagen und alles fest aufrollen. Die Teigränder mit verquirltem Ei bestreichen und festdrücken.

Das Öl in einem Wok oder einer Ffitteuse auf 190 °C erhitzen. Die Temperatur ist erreicht, wenn sich Blasen um ein Stückchen Brot bilden und es eine goldene Farbe annimmt. Die Hühnerrollen portionsweise hineingeben und 3–4 Minuten goldbraun ausbacken. Mit einem Schaumlöffel herausheben und auf Küchenkrepp abtropfen lassen.

Etwa 3 Minuten ruhen lassen, dann in Scheiben schneiden. Heiß mit Chilisauce als Dip servieren.

Ergibt 4 Stück

CHINESISCHE FRÜHLINGSROLLEN MIT SCHINKEN UND HUHN 53

Sojahuhn mit Nudeln im Reispapier

30 g Glasnudeln

1 EL getrocknete Garnelen, fein gehackt oder im Mörser zerstoßen

8 Kirschtomaten, geviertelt

½ rote Zwiebel, dünn geschnitten

1–2 rote Vogelaugen-Chilis (oder extra scharfe Chilis), entkernt und gehackt

2 EL gezupftes frisches Basilikum

2 EL geröstete Erdnüsse

250 g chinesisches Sojahuhn mit Haut, ohne Knochen

8 runde Reisteigblätter (20 cm Durchmesser)

4 Kopfsalatblätter

1 EL frittierte Schalotten

Ingwer-Limettensauce als Dip (siehe Seite 102)

FÜR DAS DRESSING

1 EL frisch gepresster Limettensaft

1 EL Fischsauce (siehe Seite 20)

1 TL Tamarindenpaste (siehe Seite 20)

2 TL extrafeiner Zucker

Die Glasnudeln in einer Schüssel mit kochendem Wasser 10 Minuten quellen lassen. Abgießen. Mit einer Küchenschere auf die gewünschte Länge schneiden. In einer Schüssel Garnelenpaste, Tomaten, Zwiebel, Chili, Basilikum, Erdnüsse und Nudeln vermengen.

Das Hühnerfleisch zusammen mit der Haut in dünne, 6 cm lange Streifen schneiden. Alle Zutaten für das Dressing in ein Schraubglas geben und kräftig schütteln. Das Hühnerfleisch mit dem Dressing an die Nudelmischung geben. Alles gut vermengen. Zugedeckt mindestens 30 Minuten bis 1 Stunde in den Kühlschrank stellen.

Jedes Salatblatt am Strunk etwa 5 cm abschneiden. Ein sauberes Küchentuch auf der Arbeitsfläche ausbreiten. Für jede Rolle 2 Reisteigblätter etwa 15 Sekunden in warmem Wasser einweichen. Die Blätter auf dem Küchentuch aufeinander legen. Je ein Salatblatt auf eine Reisteigblatthälfte legen. Jeweils ein Viertel der Hühnermischung auf das Reisteigblatt geben. Mit frittierten Schalotten bestreuen und die Mischung über das Salatblatt streichen. Mit der Salatblatthälfte beginnend, das Reisteigblatt zu einer Zigarre rollen. Mit einem feuchten Küchentuch bedecken und beiseite stellen. Mit den übrigen Zutaten ebenso verfahren.

Mit einem scharfen Messer die Rollen in 2 bis 3 Stücke schneiden. Mit der Ingwer-Limettensauce als Dip servieren.

Ergibt 4 Stück

Tipp

Wenn chinesisches Sojahuhn nicht erhältlich ist, gebratenes Huhn verwenden.

SOJAHUHN MIT NUDELN IM REISPAPIER

Gebackene Teigtaschen mit Hühnchen

1 EL Pflanzenöl

4 Knoblauchzehen, fein gehackt

1 roter Vogelaugen-Chili (oder extra scharfer Chili), entkernt und fein gehackt

200 g haschiertes Hühnerfleisch

3 EL süße Thai-Chilisauce (siehe Seite 20)

2 TL Fischsauce (siehe Seite 20)

1 EL gehacktes frisches Thai-Basilikum

2 EL frisch gehacktes Koriandergrün

Grobkörniges Salz und frisch gemahlener Pfeffer nach Belieben

5 Frühlingszwiebeln

5 Blätter tiefgefrorener Blätterteig, aufgetaut

1 Ei, verquirlt

Zitronen-Chilisauce (siehe Seite 104) oder Sojasauce (siehe Seite 20) als Dip

Das Öl im Wok oder einer tiefen Pfanne auf mittlerer Stufe erhitzen. Knoblauch und Chili etwa 1 Minute darin anschwitzen. Hühnerhack dazugeben und etwa 3 Minuten unter Rühren anbraten, bis das Fleisch fest und weiß ist. Vom Herd nehmen. Chilisauce, Fischsauce, Basilikum, Koriandergrün, Salz und Pfeffer dazugeben und alles gut verrühren. Vollständig abkühlen lassen.

In der Zwischenzeit die Frühlingszwiebeln der Länge nach in vier Streifen schneiden. In einer Schüssel mit kochendem Wasser übergießen und 1 Minute ziehen lassen. Abgießen und kalt abschrecken. Noch einmal abgießen.

Den Backofen auf 220°C (Gas Stufe 7) vorheizen. Zwei Backbleche mit Backpapier auslegen. Mit einem Glas 20 Scheiben von ca. 6 cm Durchmesser aus dem Teig ausstechen. Pro Scheibe 2–3 TL Hühnerfüllung in die Mitte geben. Die Teigränder mit Ei bestreichen. Den Teig zu einem Halbkreis falten, die Ränder fest zusammendrücken. Mit einem Streifen Frühlingszwiebel zubinden. Die fertigen Teigtaschen auf das Backpapier setzen. Mit verquirltem Ei bestreichen.

Im Ofen 12–15 Minuten knusprig goldbraun backen. Mit Zitronen-Chilisauce oder Sojasauce als Dip warm servieren.

Ergibt 20 Stück

GEBACKENE TEIGTASCHEN MIT HÜHNCHEN 57

Tandoori-Hühnerfilet-Taschen

80 ml Tandoori-Paste

2 EL plus ½ Tasse Vollmilchjoghurt

abgeriebene Schale und Saft von 1 unbehandelten Zitrone

12 Hühnerbrustfilets (oder 3 Hühnerbrüste), ohne Haut und Knochen

2 Möhren, geschält

1 Salatgurke, halbiert

6 Naan-Brote (siehe Seite 20)

1 Knoblauchzehe, fein gehackt

Blätter von 6 frischen Minzestängeln plus 2 EL frisch gehackte Minze

In einer kleinen Schüssel Tandoori-Paste, 2 EL Joghurt, Zitronenschale und -saft mischen. Das Hühnerfleisch in eine Backform legen. Die Tandoori-Mischung über das Fleisch geben und mehrfach wenden, bis es von allen Seiten überzogen ist. Zugedeckt 2 Stunden in den Kühlschrank stellen.

Den Holzkohlengrill oder eine Grillpfanne vorbereiten. Grill oder Pfanne leicht mit Öl bestreichen. Die Hühnerbrustfilets 4–5 Minuten pro Seite grillen, bis klarer Saft austritt, wenn man sie ansticht. Auf ein Tranchierbrett geben und 5 Minuten ruhen lassen. Anschließend jedes Filet in 4 lange Streifen schneiden.

Mit einem Sparschäler Möhre und Gurke in dünne Streifen schneiden. Die Naan-Brote den Anweisungen auf der Packung gemäß erhitzen. In einer kleinen Schüssel ½ Tasse Joghurt mit Knoblauch und gehackter Minze verrühren.

Die Naan-Brote mit Hühnerfleisch, Gurke, Möhre und Minzeblättern belegen und mit der Joghurtmischung beträufeln. Die Brote um die Füllung wickeln und sofort servieren.

Ergibt 6 Stück

Pekingenten-Häppchen mit Chilimarmelade

4 Frühlingszwiebeln

4 Mini-Baguettes

1 EL Hoisinsauce (siehe Seite 20)

4 Blätter chinesischen Salat oder Kopfsalat

1 Möhre, geschält und in 6 cm lange Stifte geschnitten

375 g in Scheiben geschnittene gebratene chinesische Ente mit Haut

¼ Tasse Chilimarmelade als Beilage (siehe Seite 106)

Die Frühlingszwiebeln auf 10 cm Länge kürzen, die dunkelgrünen Teile wegwerfen. Die Stängel an ihrem grünen Ende mit einem scharfen Messer oder mit einer Schere fransig schneiden. In einer Schüssel mit Eiswasser etwa 15 Minuten in den Kühlschrank stellen, bis sich die Frühlingszwiebeln kräuseln. Abgießen.

In der Zwischenzeit den Backofen auf 165 °C (Gas Stufe 3) vorheizen. Die Baguettes in Alufolie wickeln und 10 Minuten backen, bis sie gut durchwärmt sind. Aus dem Ofen nehmen.

Mit einem Brotmesser die Baguettes zu drei Viertel aufschneiden. Die Schnittflächen jeweils mit Hoisinsauce bestreichen. Salatblätter, Möhre, Frühlingszwiebeln und Entenfleisch auf den Baguettes verteilen. Einen Löffel Chilimarmelade darauf geben oder als Dip in einer kleinen Schale dazu reichen.

Ergibt 4 Stück

PEKINGENTEN-HÄPPCHEN MIT CHILIMARMELADE

Wan-Tans aus dem Wok

185 g chinesische gebratene Ente mit Haut

2 Schalotten oder Frühlingszwiebeln, fein gehackt

1 TL frischer Ingwer, geschält und gerieben

1 TL abgeriebene Schale von 1 unbehandelten Orange

2 EL Hoisinsauce (siehe Seite 20)

½ TL Sesamöl

16–20 quadratische Wan-Tan-Blätter (siehe Seite 14)

750 ml Pflanzenöl zum Frittieren

FÜR DEN DIP

2 EL Hoisinsauce

1 EL schwarzer chinesischer Essig

1 TL Sesamöl

In einer Schüssel Entenfleisch, Schalotten oder Frühlingszwiebeln, Ingwer und Orangenschale mischen. Hoisinsauce und Sesamöl dazugeben und alles gut vermengen. Die Wan-Tan-Blätter auf der Arbeitsfläche mit einem feuchten Tuch bedecken. Je 2 Teelöffel der Mischung auf ein Blatt geben. Den Teigrand mit Wasser bestreichen, von beiden Seiten über der Füllung zusammendrücken und mit einer leichten Drehung verschließen. Mit den restlichen Wan-Tan-Blättern ebenso verfahren.

Das Öl in einem Wok, einer tiefen Pfanne oder in der Fritteuse auf 190 °C erhitzen. Die Temperatur ist erreicht, wenn sich Blasen um ein Stückchen Brot bilden und es eine goldene Farbe annimmt. Die Wan-Tans portionsweise 1–2 Minuten goldbraun ausbacken. Mit einem Schaumlöffel herausheben, auf Küchenkrepp abtropfen lassen.

Die Zutaten für den Dip in einer kleinen Schüssel verrühren. Die Wan-Tans heiß mit dem Dip servieren.

Ergibt 16–20 Wan-Tans

Gebratene Ente mit grünen Bohnen im Fladenbrot

½ chinesische gebratene Ente

1 EL Hoisinsauce (siehe Seite 20), plus ¼ Tasse zum Servieren

1 EL Orangensaft

1 TL Sojasauce

4 Frühlingszwiebeln, der Länge nach halbiert

1 EL Pflanzenöl

2 TL frischer Ingwer, geschält und gerieben

8 lange grüne Bohnen, in 7,5 cm lange Stücke geschnitten

4 Lavash-Fladen (oder Bergbrot, siehe Seite 11)

½ Salatgurke, in Streifen und anschließend in 7,5 cm lange Stücke geschnitten

Das Entenfleisch zusammen mit der Haut von den Knochen lösen; die Knochen werden nicht benötigt. Fleisch und Haut in 7,5 cm lange Streifen schneiden.

In einer kleinen Schüssel 1 EL Hoisinsauce, Orangensaft und Sojasauce vermischen. Beiseite stellen.

Frühlingszwiebeln mit kochendem Wasser übergießen und 1 Minute blanchieren. Abgießen und abschrecken.

Das Öl in einem Wok oder einer tiefen Pfanne auf mittlerer Stufe erhitzen. Ingwer und Bohnen 2 Minuten anschwitzen. Entenfleisch und die Hoisinsaucenmischung dazugeben und 2 Minuten unter Rühren braten, bis das Fleisch gut erhitzt ist. Vom Herd nehmen und 5 Minuten ruhen lassen.

Einen Lavash-Fladen auf die Arbeitsfläche legen. Das Entenfleisch und die Gurkenstreifen gleichmäßig auf dem Fladen verteilen. Fladen aufrollen und an beiden Enden mit einem Streifen Frühlingszwiebel zubinden. Jede Rolle einmal quer durchschneiden. Mit den anderen Lavash-Broten ebenso verfahren. Sofort servieren

Ergibt 8 Stück

GEBRATENE ENTE MIT GRÜNEN BOHNEN IM FLADENBROT

Rind und Schwein

Vietnamesisches Baguette

½ Salatgurke

½ Möhre, geschält

4 Frühlingszwiebeln

1 Baguettestange

90 g Hühnerleberpastete

250 g chinesisches Schweinefleisch vom Grill (siehe Seite 19), in Scheiben geschnitten

4 dünne Scheiben Kochschinken

4 Stängel Koriandergrün

1 EL helle Sojasauce

Backpapier zum Servieren (nach Belieben)

Mit einem Sparschäler Möhre und Gurke in dünne Streifen schneiden. Frühlingszwiebeln auf 10 cm Länge trimmen. Baguette quer in vier gleich große Stücke schneiden. Jedes Stück der Länge nach halbieren. Die Schnittflächen mit Hühnerleberpastete bestreichen. Mit Schweinefleischscheiben, Kochschinken, Gurke, Möhre, Frühlingszwiebeln und Koriandergrün belegen. Mit Sojasauce beträufeln.

Jedes Baguette gegebenenfalls in ein Stück Backpapier wickeln und servieren.

Ergibt 4 Portionen

VIETNAMESISCHES BAGUETTE 67

Schweinefleisch-Röllchen im Reispapier

(Step-by-Step-Anleitung siehe Seite 28)

30 g Glasnudeln

125 g Schweinehack

2 Knoblauchzehen, fein gehackt

2 TL frischer Ingwer, geschält und gerieben

1 EL frisches Thai-Basilikum, fein gehackt

1 EL frisches Koriandergrün, fein gehackt

1 roter Vogelaugen-Chili (oder extra scharfer Chili), entkernt und fein gehackt

1 TL Sojasauce

6 runde Reisteigblätter (20 cm Durchmesser)

1 Ei, verquirlt

750 ml Pflanzenöl zum Frittieren

Nuoc Mam (Vietnamesischer Saucendip, siehe Seite 104)

Die Glasnudeln in einer Schüssel mit kochendem Wasser 10 Minuten einweichen. Abgießen. Mit einer Küchenschere auf die gewünschte Länge schneiden. In einer Schüssel Nudeln, Schweinefleisch, Knoblauch, Ingwer, Basilikum, Koriandergrün, Chili und Sojasauce vermengen. Mit angefeuchteten Händen gut durchmischen.

Reispapier mit der Schere in vier Segmente schneiden. Mit verquirltem Ei bestreichen und 2–3 Minuten weich werden lassen. Jeweils 1 gehäuften Teelöffel der Fleischmischung an die runde Blattseite geben. Runde Seite über die Füllung falten, die Seiten einschlagen und zigarrenförmig aufrollen. Mit einem feuchten Küchentuch bedecken und beiseite stellen. Mit den übrigen Zutaten ebenso verfahren.

Das Öl in einem Wok, einer tiefen Pfanne oder in der Fritteuse auf 190 °C erhitzen. Die Temperatur ist erreicht, wenn sich um ein Stückchen Brot Blasen bilden und es eine goldene Farbe annimmt. Die Röllchen portionsweise hineingeben und 3–4 Minuten goldbraun ausbacken. Mit einem Schaumlöffel herausheben, auf Küchenkrepp abtropfen lassen. Mit Saucendip heiß servieren.

Ergibt etwa 32 Stück

Chipolata-Rollen mit Tomaten-Chilisalsa

FÜR DIE TOMATEN-CHILISALSA

1 reife Fleischtomate, fein gehackt

1 roter Vogelaugen-Chili (oder extra scharfer Chili), entkernt und fein gehackt

1 EL frisches Thai-Basilikum, gehackt

1 EL frisches Koriandergrün, gehackt

1 Knoblauchzehe, fein gehackt

3 TL frisch gepresster Limettensaft

1 TL Fischsauce (siehe Seite 20)

1 TL Sesamöl

frisch gemahlener schwarzer Pfeffer

4 Mini-Baguettes

8 Chipolatas (kleine Würstchen)

1 EL zimmerwarme Butter zum Bestreichen

1 Anchovisfilet, durch ein Sieb gestrichen

Backpapier zum Servieren (nach Belieben)

Alle Zutaten für die Salsa in einer kleinen Schüssel mischen. Gut verrühren. Beiseite stellen.

Den Backofen auf 180 °C (Gas Stufe 4) vorheizen. Die Baguettes in Alufolie wickeln und 10 Minuten backen, bis sie gut durchwärmt sind.

In der Zwischenzeit eine Grillpfanne auf mittlerer Stufe erhitzen. Mit Öl ausstreichen. Die Würstchen darin 3–4 Minuten braten, bis sie von allen Seiten gebräunt sind. Aus der Pfanne nehmen.

In einer kleinen Schüssel Butter mit Anchovis verkneten. Jedes Baguette zu drei Viertel aufschneiden. Die Schnittflächen leicht mit Anchovisbutter bestreichen. In jedes Baguette 2 warme Würstchen geben. Baguette in Backpapier wickeln und mit der Tomaten-Chilisalsa warm servieren.

Ergibt 4 Portionen

CHIPOLATA-ROLLEN MIT TOMATEN-CHILISALSA

Schweinefleisch-Garnelen-Röllchen

(Step-by-Step-Anleitung siehe Seite 29)

30 g Glasnudeln
4 Kopfsalatblätter
4 EL Mayonnaise
8 runde Reisteigblätter (20 cm Durchmesser)
12 frische Minzeblätter
250 g chinesisches Schweinefleisch vom Grill (siehe Seite 19) oder gegrilltes Schweinefleisch, in Scheiben geschnitten
4 Riesengarnelen (King Prawns), gekocht, geschält, Darm entfernt und halbiert
Satay-Sauce (siehe Seite 102)

Die Glasnudeln in einer Schüssel mit kochendem Wasser 10 Minuten einweichen. Abgießen. Mit einer Küchenschere auf die gewünschte Länge schneiden. Jedes Salatblatt am Strunk etwa 5 cm abschneiden.

Eine flache Schüssel mit warmem Wasser füllen. Ein sauberes Küchentuch auf die Arbeitsfläche legen. Für jede Frühlingsrolle zwei Reisteigblätter nacheinander 15 Sekunden in Wasser einweichen. Die beiden Reisteigblätter übereinander auf das Küchentuch legen und zur Hälfte mit einem Salatblatt bedecken. Einen Löffel Mayonnaise darauf geben. Ein Achtel der Nudeln und eine Scheibe Schweinefleisch auf dem Salatblatt anrichten. Mit 3 Minzeblättern garnieren. Mit der Salatseite beginnend, das Reisteigblatt zur Hälfte aufrollen. Zwei Garnelenhälften mit der Schnittfläche nach unten auf das Reisteigblatt geben. Weiter zigarrenförmig aufrollen.

Mit einem feuchten Küchentuch bedecken. Mit den übrigen Zutaten ebenso verfahren. Jede Rolle mit einem scharfen Messer einmal quer durchschneiden. Dazu Satay-Sauce servieren.

Ergibt 4 Stück

Pikantes Hackfleisch in Blätterteig

3 Frühlingszwiebeln, der Länge nach halbiert

185 g Schweinehack

2 TL Sambal Oelek (siehe Seite 20)

3 Knoblauchzehen, fein gehackt

¼ Tasse frisches Koriandergrün, fein gehackt

¼ TL grobkörniges Salz

¼ TL gemahlener weißer Pfeffer

1 Blatt tiefgefrorener Blätterteig, aufgetaut

1 Ei, verquirlt

¼ Tasse helle Sojasauce

Frühlingszwiebeln mit kochendem Wasser übergießen und 1 Minute blanchieren. Abgießen und abschrecken.

Den Backofen auf 230 °C (Gas Stufe 8) vorheizen. Ein Backblech mit Backpapier auslegen.

In einer Schüssel Schweinehack, Sambal Oelek, Knoblauch, Koriandergrün, Salz und Pfeffer vermischen. Blätterteig auf eine Arbeitsfläche legen und in 4 Rechtecke schneiden. Jeweils einen Streifen Hackmischung mittig über ein Teigstück verteilen. Die Teigränder mit verquirltem Ei bestreichen. Die langen Teigseiten leicht überlappend über der Füllung zusammenfalten und wie eine Roulade aufrollen. Überschüssigen Teig abschneiden. Jede Rolle quer in 2,5 cm breite Stücke schneiden.

Mit der vom Teig umhüllten Seite auf das ausgelegte Backblech setzen. Die Teigoberfläche mit Ei bestreichen. Jede Rolle mit einem Frühlingszwiebelstreifen zusammenbinden. Noch einmal mit Ei bestreichen. Etwa 15 Minuten knusprig goldbraun backen. Aus dem Ofen nehmen und mit Sojasauce als Dip heiß servieren.

Ergibt etwa 12 Stück

PIKANTES HACKFLEISCH IN BLÄTTERTEIG 75

Rindersalat-Tortillas auf Thai-Art

8 frische Schnittlauchhalme

30 g Glasnudeln

250 g Rumpsteak

1 EL Sojasauce

2 Knoblauchzehen, gepresst

1 EL Shaoxing-Wein (siehe Seite 20)

4 Kopfsalatblätter

½ Salatgurke, in dünne Scheiben geschnitten

1 roter Vogelaugen-Chili (oder extra scharfer Chili), entkernt und in Scheiben geschnitten

2 EL frisches Koriandergrün, gehackt

2 EL frische Minzeblätter

½ Tasse frische Mungobohnensprossen

¼ Tasse ungesalzene geröstete Erdnüsse

4 Tortillas

FÜR DAS DRESSING

1 EL frisch gepresster Limettensaft

1 EL Fischsauce (siehe Seite 20)

1 Knoblauchzehe, gepresst

2 TL geraspelter Palmzucker, ersatzweise Rohrzucker

Schnittlauch mit kochendem Wasser übergießen und 30 Sekunden blanchieren. Abgießen und abschrecken. Beiseite stellen.

Glasnudeln in einer Schüssel mit kochendem Wasser 10 Minuten einweichen. Abgießen. Mit einer Küchenschere auf die gewünschte Länge schneiden.

Rumpsteak in eine flache Schale legen. Sojasauce, Knoblauch und Wein gut vermischen. Das Steak mit der Marinade übergießen, mit Klarsichtfolie abdecken und 30 Minuten in den Kühlschrank stellen. Marinade wegschütten. Steak mit Küchenkrepp trocken tupfen.

Eine Grillpfanne auf mittlerer Stufe erhitzen. Pfanne mit Öl ausstreichen, das Steak darin 2 Minuten (blutig) auf jeder Seite braten. Aus der Pfanne nehmen und abkühlen lassen. Gegen die Faser in dünne Scheiben schneiden. Beiseite stellen.

Jedes Salatblatt am Strunk 5 cm abschneiden. In einer Schüssel Rumpsteak, Nudeln, Gurkenscheiben, Chili, Koriandergrün, Minzeblätter, Bohnensprossen und Erdnüsse vermengen.

In einer kleinen Schüssel alle Dressingzutaten verrühren, bis der Zucker aufgelöst ist. Über den Salat gießen und alles gut vermengen.

Die Tortillas den Anweisungen auf der Packung gemäß erhitzen. Auf eine Arbeitsfläche legen. Jeweils eine Hälfte der Tortilla mit einem Salatblatt belegen. Den angemachten Salat löffelweise darauf geben. Tortilla aufrollen, beide Enden mit einem Schnittlauchhalm zubinden. Zum Anrichten jede Tortillarolle einmal quer durchschneiden.

Ergibt 4 Stück

RINDERSALAT-TORTILLAS AUF THAI-ART

Asiatische Würstchen im Schlafrock

(Step-by-Step-Anleitung siehe Seite 30)

16 luftgetrocknete chinesische Schweinswürstchen (siehe Seite 17)

4 Blätter tiefgefrorener Blätterteig, aufgetaut

1 Ei, verquirlt

2 TL Sesamkörner

125 ml Hoisinsauce (siehe Seite 20)

Den Backofen auf 230 °C (Gas Stufe 8) vorheizen. Ein Backblech mit Backpapier auslegen. Die Enden der Würstchen mit einem scharfen Messer abschneiden. Ein Teigblatt auf eine Arbeitsfläche legen und in vier gleiche Teile schneiden. Jedes der Teigstücke mit einer Spitze zum Körper drehen. Die Teigränder mit verquirltem Ei bestreichen. Jeweils ein Würstchen 2,5 cm vom unteren Rand entfernt auf den Teig legen. Die untere Teigspitze über das Würstchen falten. Die Seiten einschlagen und zu einem Päckchen aufrollen. Die Teigoberfläche mit verquirltem Ei bestreichen. Mit Sesamkörnern bestreuen. Mit den übrigen Zutaten ebenso verfahren.

Die Rollen auf das vorbereitete Backblech legen. Etwa 15 Minuten knusprig goldbraun backen. Aus dem Ofen nehmen. Jede Rolle in 4 Scheiben schneiden. Mit Hoisinsauce als Dip heiß servieren.

Ergibt 16 Stück

ASIATISCHE WÜRSTCHEN IM SCHLAFROCK

Parmaschinken-Melonen-Häppchen mit Chilidressing

1 Cantaloupe-Melone (Charentais- oder Ogen-Melone), halbiert, entkernt und geschält

12 hauchdünne Scheiben Parmaschinken

FÜR DAS CHILIDRESSING

¼ Tasse frisch gepresster Limettensaft

2 TL frischer Ingwer, geschält und gerieben

1 roter Thai-Chili, entkernt und in Scheiben geschnitten

1 EL Sesamöl

2 ½ EL Mirin (siehe Seite 20), ersatzweise 2 EL süßer Sherry

frisch gemahlener schwarzer Pfeffer nach Belieben

Die Melonenhälften in je 6 Spalten schneiden. Jede Spalte mit einer Scheibe Schinken umwickeln. Alle Dressingzutaten in ein Schraubglas geben und kräftig schütteln. Melonenspalten auf einem Servierteller anrichten und mit dem Dressing beträufeln. Mit Pfeffer bestreuen. Eisgekühlt als Appetithappen servieren.

Ergibt 12 Stück

Tipp:

Parmaschinken ist ein roher, recht salziger Schweineschinken, der sich als Vorspeise auch hervorragend um frisches Obst, Gemüse oder Brathuhn gewickelt servieren lässt.

PARMASCHINKEN-MELONEN-HÄPPCHEN MIT CHILIDRESSING 81

Gebratenes Schweinefleisch in der Brottasche

1 EL Pflaumensauce

1 EL Orangensaft

1 TL Sojasauce

1 EL Pflanzenöl

3 Knoblauchzehen, fein gehackt

1 Thai-Chili, entkernt und in Scheiben geschnitten

150 g Pak-Choy (siehe Seite 16), in 6 cm lange Stücke geschnitten

250 g chinesisches Schweinefleisch vom Grill (siehe Seite 19), in Scheiben geschnitten

4 Stück Bergbrot oder Lavash-Fladen (siehe Seite 11)

¼ Tasse gebratene Nudeln

2 EL frittierte Schalotten (siehe Seite 18)

¼ Tasse Pflaumensauce als Dip

In einer kleinen Schüssel Pflaumensauce, Orangensaft und Sojasauce verrühren. Beiseite stellen.

Den Wok auf mittlerer Stufe erhitzen. Knoblauch und Chili etwa 1 Minute darin anschwitzen, bis sich ihr Aroma entfaltet. Pak-Choy dazugeben und unter Rühren 2 Minuten anbraten. Das Schweinefleisch und die angerührte Pflaumensauce dazugeben. Unter Rühren etwa 1–2 Minuten braten, bis das Fleisch nicht mehr rosig ist. Vom Herd nehmen und 5 Minuten ruhen lassen.

Das Fladenbrot auf eine Arbeitsfläche legen, und das Schweinefleisch gleichmäßig auf die vier Fladen verteilen. Mit den gebratenen Nudeln und Schalotten belegen. In Zigarrenform aufrollen und in einen Streifen Backpapier wickeln. Mit Pflaumensauce als Dip sofort servieren.

Ergibt 4 Stück

GEBRATENES SCHWEINEFLEISCH IN DER BROTTASCHE

Schweinefleisch im Betelnussblatt

250 g Schweinehack

3 TL rote Currypaste

2 Knoblauchzehen, fein gehackt

1 EL frisch gehacktes Thai-Basilikum

2 EL frisch gehacktes Koriandergrün

2 rote Vogelaugen-Chilis (oder extra scharfe Chilis), entkernt und fein gehackt

1 TL Sojasauce

¼ Tasse frische Semmelbrösel

750 ml Pflanzenöl zum Frittieren

12 frische Betelnussblätter (siehe Seite 8)

⅓ Tasse süße Thai-Chilisauce (siehe Seite 20)

In einer Schüssel Schweinehack, Currypaste, Knoblauch, Basilikum, Koriandergrün, Chilis, Sojasauce und Semmelbrösel vermengen. Mit angefeuchteten Händen gut durchmischen. Die Masse in 12 Portionen teilen und mit den Händen zu kleinen Kugeln formen.

Das Öl in einem Wok oder einer tiefen Pfanne auf mittlerer Stufe erhitzen. Fleischbällchen portionsweise darin 2–3 Minuten goldbraun frittieren. Mit einem Schaumlöffel herausheben, auf Küchenkrepp abtropfen lassen. Etwa 10 Minuten abkühlen lassen.

Jedes Fleischbällchen in ein Betelnussblatt wickeln und mit einem Zahnstocher zustecken. Mit Chilisauce als Dip heiß servieren.

Ergibt 12 Stück

Tipp:
Für die Betelnussblätter können ersatzweise kleine Kopfsalat- oder große Basilikumblätter verwendet werden.

SCHWEINEFLEISCH IM BETELNUSSBLATT 85

Gedämpfte Wan-Tans mit Chiliöl

150 g Schweinehack

150 g Riesengarnelen (King Prawns), geschält, ohne Darm und fein gehackt

2 Knoblauchzehen, fein gehackt

1 EL frischer Ingwer, geschält und gerieben

¼ TL Salz

2 EL frisch gehacktes Koriandergrün

1 EL frisch gehackte vietnamesische Minze

16 Wan-Tan-Blätter (siehe Seite 14)

FÜR DAS CHILIÖL

1 EL Chiliöl

2 TL Ketjap Manis-Sauce (siehe Seite 20)

1 EL fein gehackter Knoblauch

1 TL roter chinesischer Essig

Schweinehack mit Garnelen, Knoblauch, Ingwer und Salz in der Küchenmaschine 20 Sekunden zu einer glatten Masse verrühren. In eine Schüssel geben, Koriandergrün und Minze dazugeben. Mit angefeuchteten Händen gründlich durchmischen.

Die Wan-Tan-Blätter auf der Arbeitsfläche mit einem feuchten Küchentuch bedecken. Je 1 Esslöffel der Mischung in die Mitte eines Wan-Tan-Blattes geben, den Rand mit Wasser bestreichen. Die Ränder zu einem kleinen Körbchen darumschlagen und die Füllung sanft hochdrücken, so dass sie oben zu sehen ist. Den Boden auf der Arbeitsfläche leicht flach drücken. Mit Klarsichtfolie bedeckt beiseite stellen. Mit den übrigen Zutaten ebenso verfahren.

Einen mittelgroßen Bambusdämpfkorb mit Backpapier auslegen. Einen mittelgroßen Wok zu einem Drittel mit Wasser füllen (der Dämpfkorb darf das Wasser nicht berühren) und das Wasser zum Kochen bringen. Die Wan-Tans in den Dämpfkorb setzen und diesen zugedeckt über das siedende Wasser stellen. 12 Minuten dämpfen, bei Bedarf etwas kochendes Wasser in den Wok nachgießen.

In der Zwischenzeit alle Zutaten für das Chiliöl in einer kleinen Schüssel verrühren. Den Dämpfkorb aus dem Wok nehmen und die Teigtaschen vorsichtig herausheben. Mit Chiliöl als Dip heiß servieren.

Ergibt 12 Stück

GEDÄMPFTE WAN-TANS MIT CHILIÖL

Gemüse

Vegetarische Frühlingsrollen

4 getrocknete chinesische Pilze

30 g Glasnudeln

2 EL Pflanzenöl

3 Knoblauchzehen, gehackt

2 EL frischer Ingwer, geschält und gehackt

6 Frühlingszwiebeln mit etwas Blattgrün, fein gehackt

185 g Chinakohl, in feine Streifen geschnitten

2 mittelgroße Möhren, geschält und gerieben

1/3 Tasse frisch gehacktes Koriandergrün

100 g frische Mungobohnensprossen

2 EL plus 1/3 Tasse süße Thai-Chilisauce (siehe Seite 20)

2 TL Fischsauce (siehe Seite 20)

18 tiefgekühlte Frühlingsrollen-Teigblätter (21,5 cm x 21,5 cm), aufgetaut

1 Eiweiß, leicht geschlagen

750 ml Pflanzenöl zum Frittieren

Die Pilze in einer Schüssel mit kochendem Wasser 10 Minuten einweichen. Abgießen und leicht ausdrücken. Blättrig schneiden, harte Stiele wegwerfen.

Die Nudeln in einer Schüssel mit kochendem Wasser 10 Minuten einweichen. Abgießen. Mit einer Küchenschere auf die gewünschte Länge schneiden.

Das Öl in einem Wok oder einer tiefen Pfanne bei mittlerer Temperatur erhitzen. Knoblauch und Ingwer darin 1 Minute anschwitzen, bis sich ihr Aroma entfaltet. Frühlingszwiebeln und Kohl zufügen. 2 Minuten unter Rühren braten, bis der Kohl weich wird. Vom Herd nehmen. Möhren, Koriandergrün, Bohnensprossen, Nudeln, Pilze, 2 EL Chilisauce und Fischsauce zugeben und gut verrühren. Vollständig abkühlen lassen.

Die Frühlingsrollen-Teigblätter von einander lösen, auf die Arbeitsfläche legen und mit einem feuchten Küchentuch bedecken. Die Teigränder mit Eiweiß bestreichen. 1 Esslöffel der Füllung in die Mitte geben, das Blatt diagonal aufrollen und die Enden einschlagen. Die Enden mit Eiweiß bestreichen und andrücken. Mit den übrigen Teigblättern ebenso verfahren.

Das Öl in einem großen Wok oder einer tiefen Pfanne auf 190°C erhitzen. Die Temperatur ist erreicht, wenn sich um ein Stückchen Brot Blasen bilden und es eine goldene Farbe annimmt. Die Frühlingsrollen hineingeben und etwa 2 Minuten goldbraun ausbacken. Mit einem Schaumlöffel herausheben und auf Küchenkrepp abtropfen lassen. Mit 1/3 Tasse Chilisauce als Dip heiß servieren.

Ergibt 18 Stück

Wan-Tans mit Spargel und Wasabi

12 Stangen junger grüner Spargel
48 Wan-Tan-Blätter (9 x 9 cm)
etwa 1 EL Wasabi-Paste (scharfer grüner Meerrettich)
750 ml Pflanzenöl zum Frittieren

Von jedem Spargel das harte untere Ende abschneiden und entfernen. Den restlichen Stängel einmal in der Mitte durchschneiden. Die Wan-Tan-Blätter von einander lösen, auf die Arbeitsfläche legen und mit einem feuchten Küchentuch bedecken. Jedes Blatt mit etwas Wasabi-Paste bestreichen. Ein zweites Blatt darüber legen. Jeweils ein Stück Spargel diagonal auf eine Ecke der beiden Wan-Tan-Blätter legen. Die Blätter aufrollen, hierbei ein Spargelende herausschauen lassen. Mit den restlichen Zutaten ebenso verfahren.

Das Öl in einem großen Wok oder einer tiefen Pfanne auf 190 °C erhitzen. Die Temperatur ist erreicht, wenn sich um ein Stückchen Brot Blasen bilden und es eine goldene Farbe annimmt. Die Wan-Tans portionsweise hineingeben und etwa 2 Minuten goldbraun ausbacken. Mit einem Schaumlöffel herausheben und auf Küchenkrepp abtropfen lassen. Heiß servieren.

Ergibt 24 Stück

WAN-TANS MIT SPARGEL UND WASABI

Tofutaschen mit Reisfüllung

(Step-by-Step-Anleitung siehe Seite 31)

6 Frühlingszwiebeln, nur die weißen Teile, in feine Ringe geschnitten (die grünen Teile aufheben)

gesäuerter Sushi-Reis (siehe unten)

1½ EL schwarze Sesamkörner

12 frittierte Tofuscheiben (siehe Seite 18)

80 ml leichte Sojasauce

FÜR DEN SUSHI-REIS

280 g japanischer Rundkornreis, ersatzweise Milchreis

300 ml Wasser

1½ EL süßer Reiswein, ersatzweise 1 EL süßer Sherry

FÜR DIE ESSIGSAUCE

1½ EL Reisessig

¼ TL grobkörniges Salz

1 TL extrafeiner Zucker

Die grünen Spitzen der Frühlingszwiebeln der Länge nach halbieren. In einer Schüssel mit kochendem Wasser 15 Sekunden blanchieren. Abgießen und abschrecken. Beiseite stellen.

Reis mit Sesamkörnern und geschnittenen Frühlingszwiebeln in einer Schüssel vermengen. Mit feuchten Händen gut durchmischen. Tofuscheiben 3 Minuten in kochendem Wasser garen. Mit einem Schaumlöffel herausheben und auf Küchenkrepp abtropfen lassen. Abkühlen lassen. Jede Tofuscheibe einmal durchschneiden. In jede Tofuhälfte eine Tasche schneiden. Mit feuchten Händen etwa ¼ Tasse der Reismischung in die Tofutasche füllen. Nicht zu viel nehmen, da sonst die Tasche reißt. Die gefüllten Taschen mit der Öffnung nach oben auf einen Teller setzen. Mit je einem Streifen Frühlingszwiebel verschnüren. Vor dem Verzehr ½ Stunde in den Kühlschrank stellen. Mit Sojasauce als Dip servieren.

Wie man Sushi-Reis macht: Den Reis gründlich in fließendem kaltem Wasser waschen und abtropfen lassen. Diesen Vorgang dreimal wiederholen.

Reis mit 1¼ Tassen Wasser in einen mittelgroßen schweren Topf geben. Zugedeckt zum Kochen bringen. Etwa 3 Minuten kochen lassen. Temperatur auf mittlere Stufe schalten und weitere 5 Minuten kochen. Auf niedrigste Stufe schalten und 5–10 Minuten köcheln lassen, bis der Reis gar ist. Vom Herd nehmen und den Reiswein unterrühren. Mit einem Küchentuch bedecken, dann den Deckel auflegen und 15 Minuten ziehen lassen. Den heißen Reis in eine flache Schale füllen und gleichmäßig verteilen. Mit einer Gabel die Reiskörner lockern. Nach und nach die Essigsauce unter den Reis heben und behutsam weiterrühren. Der Reis ist servierfertig, wenn er Zimmertemperatur hat. (Nicht in den Kühlschrank stellen!) Mit einem feuchten Küchentuch bedecken.

Essigsauce: Reisessig, Zucker und Salz in einen kleinen Topf aus Edelstahl oder Emaille geben. Bei mäßiger Hitze verrühren, bis der Zucker aufgelöst ist. Vom Herd nehmen und auf Zimmertemperatur abkühlen lassen.

Ergibt 12 Stück

Frische Frühlingsrollen mit Mango und Möhre

30 g Glasnudeln

4 Eisberg-Salatblätter

8 runde Reisteigblätter (20 cm Durchmesser)

1 große Möhre, geschält und gerieben

1 Mango, geschält, vom Kern gelöst und in Scheiben geschnitten

90 g Mungobohnensprossen

8 frische Basilikumblätter

8 frische Minzeblätter

Satay-Sauce als Dip (siehe Seite 102)

Die Nudeln in einer Schüssel mit kochendem Wasser 10 Minuten quellen lassen. Abgießen. Mit einer Küchenschere auf die gewünschte Länge schneiden. Jedes Salatblatt am Strunk 5 cm abschneiden.

Ein sauberes Küchentuch auf der Arbeitsfläche ausbreiten. Die Reisteigblätter immer paarweise 15 Sekunden in einer flachen Schüssel mit warmem Wasser einweichen und auf das Küchentuch legen. Die eine Hälfte des Reisteigblattes mit einem Salatblatt belegen. Ein Viertel der Nudeln, Möhre, Mango und Bohnensprossen, 2 Basilikumblätter und 2 Minzeblätter auf das Salatblatt geben. Das Reisteigblatt darüber falten, die Seiten einschlagen und zu einem Päckchen aufrollen. Mit einem feuchten Küchentuch bedecken und beiseite stellen. Mit den übrigen Zutaten ebenso verfahren.

Jede Rolle mit einem scharfen Messer in 2–3 Scheiben schneiden. Mit Satay-Sauce als Dip servieren.

Ergibt 4 Stück

FRISCHE FRÜHLINGSROLLEN MIT MANGO UND MÖHRE

Kartoffel-Minze-Samosas

3 festkochende große Kartoffeln, geschält und gewürfelt

90 g gekochte grüne Erbsen

1 TL Kreuzkümmelkörner

2 große Jalapeño- oder Serrano-Chilis (ersatzweise fleischige grüne oder rote Chilis), entkernt und fein gehackt

½ rote Zwiebel, fein gehackt

3 EL frisch gehacktes Koriandergrün

2 EL frisch gehackte Minze

80 ml frisch gepresster Zitronensaft

12 Blätter tiefgekühlter Filoteig, aufgetaut

80 ml Pflanzenöl

Den Backofen auf 200 °C (Gas Stufe 6) vorheizen. Ein Backblech mit Backpapier auslegen. Kartoffeln in so viel kochendes Wasser geben, dass sie völlig bedeckt sind, und ohne Deckel etwa 8 Minuten auf großer Flamme kochen lassen, bis sie gar sind. Abgießen und pürieren. Abkühlen lassen. In einer Schüssel Kartoffelpüree, Erbsen, Kreuzkümmel, Chilis, Zwiebel, Koriandergrün, Minze und Zitronensaft vermengen. Mit angefeuchteten Händen gut durchmischen.

Teigblätter auf die Arbeitsfläche legen und mit einem feuchten Küchentuch bedecken. Jedes Teigblatt leicht mit Öl bestreichen. Einmal falten. Wieder mit Öl bestreichen. Einen Teelöffel Kartoffelfüllung auf das untere Ende des Filostreifens, etwas links von der Mitte, geben. Die rechte Ecke so über die Füllung schlagen, dass sie auf die linke Kante des Streifens stößt und ein rechtwinkeliges Dreieck entsteht. Den Teig weiter von einer Seite zur anderen in regelmäßigen Dreiecken falten, bis das Ende des Streifens erreicht ist. Die fertige Teigtasche auf das vorbereitete Backblech legen. Mit Öl bestreichen. Mit dem übrigen Teig und den restlichen Zutaten ebenso verfahren. Ausreichend Abstand zwischen den Teigtaschen auf dem Backblech lassen, da sie beim Backen aufgehen. Im Backofen 15–20 Minuten backen, bis sie knusprig und goldbraun sind. Heiß servieren.

Ergibt 12 Stück

KARTOFFEL-MINZE-SAMOSAS 97

Pfannkuchenröllchen mit Spinat und Pilzen

FÜR DIE PFANNKUCHEN

60 g blanchierter Blattspinat

300 ml Milch

1 Ei, verquirlt

125 g Weizenmehl, gesiebt

¼ TL grobkörniges Salz

Olivenöl zum Bestreichen

FÜR DIE FÜLLUNG

1 EL Olivenöl

1 Knoblauchzehe, fein gehackt

6 Frühlingszwiebeln mit Blattgrün, in Röllchen geschnitten

150 g Austernpilze, grob gehackt

90 g Champignons oder Egerlinge, blättrig geschnitten

220 g blanchierter Blattspinat

2 EL süße Thai-Chilisauce (siehe Seite 20)

1 EL Sojasauce

1 großer Jalapeño- oder Serrano-Chili (ersatzweise fleischiger grüner oder roter Chili), entkernt und in feine Streifen geschnitten

Für die Pfannkuchen den Spinat in der Küchenmaschine etwa 20 Sekunden pürieren. Milch, Ei, Mehl und Salz zufügen. Weitere 30 Sekunden pürieren, bis eine glatte Masse entsteht. In einen Krug oder eine Kanne umfüllen.

In einer beschichteten Pfanne ein wenig Olivenöl auf mittlerer Stufe erhitzen. Etwa ½ Tasse Pfannkuchenteig hineingeben und durch leichtes Schwenken gleichmäßig verteilen. Den Pfannkuchen etwa 1 Minute backen, bis er Blasen wirft. Den Pfannkuchen wenden und 1 weitere Minute backen, bis er goldbraun ist. Auf einen mit Backpapier ausgelegten Teller geben. Die übrigen Pfannkuchen ebenso backen und auf dem Teller stapeln. Auf Zimmertemperatur abkühlen lassen.

In der Zwischenzeit die Füllung bereiten: Das Öl in einem Wok oder einer tiefen Pfanne auf mittlerer Stufe erhitzen. Knoblauch, Frühlingszwiebeln und die Pilze darin 2–3 Minuten anschwitzen. Spinat, Chilisauce und Sojasauce dazugeben und gut verrühren. Etwa 1 Minute garen. Vom Herd nehmen und abkühlen lassen. In einen Durchschlag geben und kurz abtropfen lassen.

Die Pfannkuchen portionsweise auf die Arbeitsfläche geben, mit der Füllung belegen und aufrollen. Mit Streifen von rotem Chili garniert servieren.

Ergibt 6 Stück

PFANNKUCHENRÖLLCHEN MIT SPINAT UND PILZEN

EINE SÜSSE Versuchung

Knusperröllchen mit Orangen-Schokolade-Füllung

100 g ungesalzene Butter, zimmerwarm

60 g extrafeiner Zucker

2 TL abgeriebene Schale von
 1 unbehandelten Orange

1 Ei

½ TL Vanilleextrakt

100 g gemahlene Mandeln

30 g Weizenmehl

125 g Zartbitterschokolade, gerieben

16 tiefgekühlte Frühlingsrollen-Teigblätter
 (21,5 x 21,5 cm), aufgetaut

1 Eiweiß, leicht geschlagen

750 ml Pflanzenöl zum Frittieren

Puderzucker zum Bestäuben

In einer mittelgroßen Schüssel Butter, Zucker und Orangenschale etwa 2 Minuten zu einer blassgelben Creme schlagen. Das Ei und Vanilleextrakt zugeben. Gründlich durchmischen. Gemahlene Mandeln und Mehl unterrühren, bis eine glatte Masse entsteht. Die Schokolade unterheben. Zugedeckt etwa 20 Minuten in den Kühlschrank stellen, bis die Masse fest geworden ist.

Die Frühlingsrollen-Teigblätter von einander lösen, auf die Arbeitsfläche legen und mit einem feuchten Küchentuch bedecken. Ein Teigblatt mit einer Spitze nach vorn vor sich legen, die Teigränder mit Eiweiß bestreichen. 1 Esslöffel Schokoladenfüllung 2,5 cm vom unteren Rand auf das Teigblatt geben. Den unteren Rand über die Füllung klappen. Die Seiten einschlagen und zu einem Päckchen aufrollen. Die Nahtstelle mit Eiweiß bestreichen. Mit den übrigen Zutaten ebenso verfahren.

Das Öl in einem Wok oder einer tiefen Pfanne auf 190 °C erhitzen. Die Temperatur ist erreicht, wenn sich um ein Stückchen Brot Blasen bilden und es eine goldene Farbe annimmt. Die Frühlingsrollen portionsweise hineingeben und etwa 2 Minuten goldbraun ausbacken. Mit einem Schaumlöffel herausheben, auf Küchenkrepp abtropfen lassen. Mit Puderzucker bestäuben und warm servieren.

Ergibt 16 Stück

Saucen

Satay-Sauce

3 EL weiche Erdnussbutter

4 Knoblauchzehen, gehackt

1 TL Chiliöl

2 EL Sojasauce

1 Prise grobkörniges Salz

2 TL Zucker

3 EL heißes Wasser

1 EL scharfe Bohnenpaste

Alle Zutaten in der Küchenmaschine zu einer glatten Paste pürieren. In einem fest verschlossenen Gefäß bis zu 7 Tage im Kühlschrank haltbar. Als Dip zu Hühnchen, Garnelen oder Rindfleisch servieren.

Ergibt 180 ml

Ingwer-Limettensauce

1 EL frischer Ingwer, geschält und gerieben

80 ml frisch gepresster Limettensaft

2 EL Mirin (siehe Seite 20),
 ersatzweise 2 EL süßer Sherry

Alle Zutaten in ein Schraubglas geben und gründlich schütteln. Als Dip zu Hühnchen oder Meeresfrüchten reichen.

Ergibt 125 ml

Nuoc Mam (Vietnamesischer Saucendip)

6 EL Fischsauce (siehe Seite 20)

2 TL extrafeiner Zucker

1 EL Reisessig

3 rote Thai-Chilis, entkernt und fein gehackt

2 grüne Thai-Chilis, entkernt und fein gehackt

In einer kleinen Schüssel alle Zutaten verrühren. Zugedeckt 1 Stunde ruhen lassen. Passt als Dip zu fast allen asiatischen Gerichten.

Ergibt 125 ml

Zitronen-Chilisauce

1 roter Vogelaugen-Chili (oder extra scharfer Chili), entkernt und fein gehackt

3 EL Fischsauce (siehe Seite 20)

60 ml frisch gepresster Limettensaft

1 TL Sesamöl

2 TL frischer Ingwer, geschält und gerieben

1 TL geraspelter Palmzucker oder brauner Zucker

60 ml frisch gepresster Zitronensaft

$\frac{1}{2}$ TL schwarzer Pfeffer, zerstoßen

In einer kleinen Schüssel alle Zutaten verrühren. Zugedeckt 1 Stunde ruhen lassen. Passt als Dip zu fast allen asiatischen Gerichten.

Ergibt 125 ml

Chilimarmelade

10 getrocknete rote Chilischoten

80 ml Erdnussöl

1 rote Gemüsepaprika, entkernt, Rippen entfernt und gehackt

Zehen von 1 Knoblauchknolle, grob gehackt

185 g Frühlingszwiebeln, gehackt

90 g geraspelter Palmzucker oder brauner Zucker

2 EL Tamarindenpaste (siehe Seite 20)

Chilischoten in einer Schüssel mit kochendem Wasser 15 Minuten einweichen. Abgießen, entkernen und grob hacken. In der Küchenmaschine Chilis, Erdnussöl, Gemüsepaprika, Knoblauch und Frühlingszwiebeln etwa 30 Sekunden pürieren.

In einem Wok oder einer Pfanne die Chilimischung 15 Minuten auf mittlerer Hitze unter ständigem Rühren garen. Zucker und Tamarindenpaste zugeben. Die Temperatur herunterschalten und weitere 10 Minuten köcheln lassen, bis die Mischung eine dunkle Farbe und eine marmeladenähnliche Konsistenz annimmt.

In ein sauberes Schraubglas gefüllt, hält sich die Chilimarmelade bis zu 3 Monate im Kühlschrank. Passt als feurige Zutat zu Huhn, Rind oder Schwein oder zu in der Pfanne gebratenen Meeresfrüchten.

Ergibt 125 ml

Limetten-Soja-Dip

2 EL Reisessig

2 EL helle Sojasauce

1 EL frisch gepresster Limettensaft

1 Schalotte oder Frühlingszwiebel mit Blattgrün, in dünne Röllchen geschnitten

In einer kleinen Schüssel alle Zutaten gründlich vermischen. Als Dip zu Meeresfrüchten, Hühnchen oder Fisch servieren.

Ergibt 90 ml

Register

A

Abura-age, Allgemeines 18
Asiatische Würstchen
– Allgemeines 17
– im Schlafrock 30, 78
Austernhäppchen 27, 50
Austernpilze 16

B

Baguette
– Mini-Baguettes 10
– Vietnamesisches 66
Bananenblätter
– Allgemeines 8
– Fisch im Bananenblatt 26, 48
Basilikum, Allgemeines 15
Bergbrot, Allgemeines 11
Betelnussblatt
– Allgemeines 8
– Schweinefleisch im 84
Blätterteig, Allgemeines 13
– Pikantes Hackfleisch in 74
Bohnensprossen
– Allgemeines 16
Brot, Allgemeines 10, 11
Brottasche, Schweinefleisch in der 82

C

Cha Siu
(gebratenes chinesisches Schweinfleisch)
– Allgemeines 19
Chilidressing 80
Chilimarmelade 106
Chiliöl 20, 86
Chilis, Allgemeines 17
Chilisauce, Süße Thai- 20
– mit Tomate 70
– mit Zitrone 104

Chinesische Frühlingsrollen mit Schinken und Huhn 52
Chinesische Schweinswürstchen
– Allgemeines 17
– im Schlafrock 30, 78
Chinesischer Salat, Allgemeines 16
Chinesisches Schweinefleisch, Allgemeines 19
Chinesisches Sojahuhn, Allgemeines 19
Chipolata-Rollen mit Tomaten-Chilisalsa 70

D

Dips & Saucen
– Chilimarmelade 106
– mit Ingwer und Limette 102
– mit Zitrone und Chili 104
– mit Limette und Soja 106
– Nuoc Mam 104
– Satay-Sauce 102

E

Ente
– Chinesische Ente, Allgemeines 19
– Gebratene Ente mit grünen Bohnen im Fladenbrot 64
– Pekingenten-Häppchen mit Chilimarmelade 60
– Wan-Tans aus dem Wok 62

F

Filoteig, Allgemeines 13
Fisch
– im Bananenblatt 26, 48
– Lachs-Sushi-Rollen 38
– Thunfisch-Frühlingsrollen 40
Fischsauce 20
Frische Frühlingsrollen mit Mango und Möhre 94
Frische Garnelen-Papaya-Frühlingsrollen 44

Frittierte Schalotten, Allgemeines 18
Frittierte Tofuscheiben, Allgemeines 18
Frühlingsrollen
– mit Garnelen und Papaya 44
– mit Mango und Möhre 94
– mit Schinken und Huhn 52
– mit Thunfisch 25, 40
– Vegetarische 88
Frühlingsrollen-Teigblätter 14

G

Garnelen
– Frühlingsrollen mit Papaya 44
– im knusprigen Teigmantel 32
– Koriander-Röllchen 24, 34
– Panierte Garnelenröllchen 46
– Schweinefleisch-Röllchen 29, 72
– Warme Taschen mit Mango 36
Gemüse
– Frische Frühlingsrollen mit Mango und Möhre 94
– Pfannkuchenröllchen mit Spinat und Pilzen 98
– Samosas 96
– Tofutaschen mit Reisfüllung 31, 92
– Vegetarische Frühlingsrollen 88
– Wan-Tans mit Spargel und Wasabi 90
Glasnudeln, Allgemeines 18

H

Hoisinsauce 20
Huhn
– Allgemeines 19
– Chinesische Frühlingsrollen mit Schinken und 52
– Gebackene Teigtaschen mit 56
– Sojahuhn mit Nudeln im Reispapier 54
– Tandoori-Hühnerfilet-Taschen 58

I
Ingwer-Limettensauce 102

K
Kartoffel-Minze-Samosas 96
Ketjap Manis 20
Knusperröllchen mit Orangen-Schokolade-Füllung 100
Kochutensilien, Allgemeines 22
Koriander, Allgemeines 15
— Garnelenrollchen mit 24, 34
Krebsfleisch, pikantes, im Salatblatt 42

L
Lachs-Sushi-Rollen 38
Lavash, Allgemeines 11
Limetten
— Ingwer-Limettensauce 102
— Limetten-Soja-Dip 106
Lop chong 17

M
Mango
— Frühlingsrollen mit Möhre und 94
— Mango-Garnelen-Taschen 36
Meeresfrüchte
— Austernhäppchen 27, 50
— Frische Garnelen-Papaya-Frühlingsrollen 44
— Garnelen im knusprigen Teigmantel 32
— Garnelenröllchen mit Koriander 24, 34
— Mango-Garnelen-Taschen 36
— Panierte Garnelenröllchen 46
— Pikantes Krebsfleisch im Salatblatt 42
Melonen
— Parmaschinken-Melonen-Häppchen mit Chilidressing 80
Mini-Baguettes, Allgemeines 10
Minze, Allgemeines 15
— Kartollel-Minze-Samosas 96

Mirin 20
Mungobohnensprossen 16

N
Naan, Allgemeines 12
Nori-Blätter, Allgemeines 9
Nudeln
— Gebratene Nudeln, Allgemeines 18
— Glasnudeln, Allgemeines 18
Nuoc Mam 104

O
Orangen
— Knusperröllchen mit Orangen-Schokolade-Füllung 100

P
Pak-Choy, Allgemeines 16
Papaya
— Frische Garnelen-Papaya-Frühlingsrollen 44
Parmaschinken-Melonen-Häppchen mit Chilidressing 80
Pekingente mit Chilimarmelade 60
Pfannkuchenröllchen mit Spinat und Pilzen 98
Pikantes Hackfleisch in Blätterteig 74
Pikantes Krebsfleisch im Salatblatt 42
Pilze
— Pfannkuchenröllchen mit Spinat und Pilzen 98

R
Reis
— Gesäuerter, Allgemeines 38, 92
— Tofutaschen mit Reisfüllung 31, 92
Reisteigblätter, Allgemeines 13
— Schweinefleisch-Röllchen im Reispapier 28, 68
— Sojahuhn mit Nudeln im Reispapier 54
Rindersalat-Tortillas auf Thai-Art 76

S
Salat
— Allgemeines 9
— Pikantes Krebsfleisch im Salatblatt 42
— Rindersalat-Tortillas auf Thai-Art 76
Sambal Oelek 20
Samosas mit Kartoffeln und Minze 96
Satay-Sauce 102
Saucen (siehe auch Dips)
— Allgemeines 20
— Chilidressing 80
— Chilimarmelade 106
— Chiliöl 20, 86
— Ingwer-Limettensauce 102
— Limetten-Soja-Dip 106
— Nuoc Mam 104
— Satay-Sauce 102
— Tomaten-Chilisalsa 70
— Zitronen-Chilisauce 104
Schalotten, frittierte 18
Schokolade
— Knusperröllchen mit Orangen-Schokolade-Füllung 100
Schweinefleisch
— Allgemeines 19
— Asiatische Würstchen im Schlafrock 30, 78
— Garnelenröllchen mit 29, 72
— Gebratenes Schweinefleisch in der Brottasche 82
— Gedämpfte Wan-Tans mit Chiliöl 86
— im Betelnussblatt 84
— Parmaschinken-Melonen-Häppchen mit Chilidressing 80
— Pikantes Hackfleisch in Blätterteig 74
— Röllchen im Reispapier 28, 68
— Vietnamesisches Baguette 66
Shaoxing-Wein 20
Shimeji-Pilze siehe Austernpilze

Sojahuhn
- Allgemeines 19
- mit Nudeln im Reispapier 54

Sojasauce 20

Spargel
- Wan-Tans mit Wasabi und 90

Spinat
- Pfannkuchenröllchen mit Pilzen und 98

Sushi mit Lachs 38

Sushi-Reis 38, 92

Süße Thai-Chilisauce 20

T

Tamarindenpaste 20

Tandoori-Hühnerfilet-Taschen 58

Teig siehe Blätterteig, Filoteig, Frühlingsrollen-Teigblätter, Wan-Tan-Blätter

Teigtaschen, gebackene, mit Hühnchen 56

Thai-Basilikum 15

Thai-Chilis, Allgemeines 17

Thai-Chilisauce, Süße 20

Thai-Rindersalat-Tortillas 76

Thunfisch-Frühlingsrollen 25, 40

Toastbrot, Allgemeines 12

Tofu
- Allgemeines 18
- Tofutaschen mit Reisfüllung 31, 92

Tomaten-Chilisalsa 70

Tortillas
- Allgemeines 10
- Rindersalat-Tortillas auf Thai-Art 76

U

Utensilien 22

V

Vegetarische Frühlingsrollen 88

Vietnamesische Minze, Allgemeines 15

Vietnamesischer Saucendip 104

Vietnamesisches Baguette 66

Vogelaugen-Chilis, Allgemeines 17

W

Warme Mango-Garnelen-Taschen 36

Wan-Tan-Blätter 14

Wan-Tans, Allgemeines 14
- aus dem Wok 62
- gedämpft mit Chiliöl 86
- mit Spargel und Wasabi 90

Wok, Allgemeines 22

Würstchen siehe Schweinefleisch

Z

Zitronen-Chilisauce 104

Zwiebeln siehe Schalotten

Titel der englischen Originalausgabe:
asian wraps & rolls

Ins Deutsche übertragen von Susanne Dickerhof-Kranz

Die Originalausgabe erschien 2001 bei © Lansdowne Publishing Pty Ltd., Sydney

Copyright © 2002 der deutschen Ausgabe by
Collection Rolf Heyne GmbH & Co. KG, München

Umschlaggestaltung: Hauptmann und Kampa Werbeagentur, CH-Zug,
unter Verwendung mehrerer Fotos von Vicki Liley
Redaktion: Susanne Baumann
Layout: Kerry Klinner
Fotografie und Foodstyling: Vicky Liley
Herstellung: Karlheinz Rau
Satz: DTP-Service, Puchheim
Druck und Bindung: Tien Wah Press (Pte) Ltd.

Printed in Singapore

ISBN 3-89910-143-X

Ryuichi Yoshii
sushi

Rezeptbuch

ISBN 3-88910-070-0

Sushi – das ist die japanische Kunst, aus mariniertem Reis, frischem Fisch oder Gemüse delikate Happen zu zaubern, die gleichermaßen ein Genuss für Auge und Gaumen sind. Schritt für Schritt weiht der japanische Meisterkoch Ryuichi Yoshii den Leser in die Geheimnisse der Sushi-Zubereitung und der richtigen Präsentation ein. Dabei erläutert er Zutaten, Utensilien und Techniken, die anschaulich in Step-by-step-Fotos gezeigt werden, und gibt Tipps für den Einkauf sowie die Zubereitung der verschiedenen Fischarten. Mit über 40 modernen wie traditionellen Rezepten und hervorragenden Fotografien ist das Sushi-Rezeptbuch ein Muss für alle, die Sushi lieben und erfolgreich zu Hause zubereiten wollen.

Hideo Dekura
sashimi

Die kleinen japanischen Köstlichkeiten

Rezeptbuch

ISBN 3-88910-107-3

Man kennt sie aus der Sushi-Bar: Sashimi, kleine Köstlichkeiten aus rohem Fisch, die sich wie ihre »Schwestern«, die dekorativen Sushi-Leckerbissen, immer größerer Beliebtheit erfreuen. Was sie so besonders macht, ist ihre jahrhundertealte Tradition – die raffinierte Kunst, rohen Fisch in einer Weise zuzubereiten, dass er nicht nur für den Gaumen, sondern auch für die Augen zu einem Genuss wird. Mit Hilfe von zahlreichen detaillierten Bildern erläutert Hideo Dekura alle Techniken, um den Fisch kunstvoll zu schneiden und zuzubereiten, samt effektvoller Garnier-Methoden.

Vicki Liley
dim sum

Die kleinen chinesischen Köstlichkeiten

Rezeptbuch

ISBN 3-88910-089-1

In New York, Sydney und London gehören sie bereits zu den Favourites der international orientierten Küche, bei uns sind sie groß im Kommen: Dim Sum, auf Deutsch »Herzenswonnen«. Dabei handelt es sich um köstliche Teigtaschen und Teigbällchen, zu denen traditionell chinesischer Tee getrunken wird. Vicki Liley führt mit Sachverstand in die Kunst der richtigen Zubereitung der leckeren Häppchen ein, die wie Sushi oder Tapas voll im Trend von Fingerfood liegen. Mit 50 verlockend bebilderten Rezepten.

Suzie Smith
Suppen aus Asiens Küchen

ISBN 3-88910-125-1

Die Suppen aus Asiens Küchen: Sie sind köstlich, vielseitig, leicht zuzubereiten – und gesund. Suzie Smith hat die besten 50 Rezepte aus China, Vietnam, Thailand, Malaysia, Korea und Japan ausgesucht und mit klaren Kochanweisungen versehen, die durch wunderschöne und anschauliche Fotos ergänzt werden. Darüber hinaus liefert sie wichtige Hintergrundinformationen zu den Zutaten und wertvolle Tipps über das passende Geschirr und Besteck. Mit Glossar und vielen Step-by-step-Illustrationen.

COLLECTION ROLF HEYNE

LIFESTYLE | FOTOKUNST
CULINARIA | EXKLUSIVES SACHBUCH